日本史スキャンダル事件簿

宝島社

はじめに
教科書には載らない真実の日本史

歴史は常に勝者がつくるものだ。敗者や弱者の言い分は、歴史の闇の中に葬られてしまう。また、勝者・敗者は存在しないが、〝性〟への欲求のような、人々の日常生活に関する歴史も、日本史の表舞台に登場することはあまりない。けれど、敗者は敗者なりに、自らの正当性を後世に伝えようとあがいてきた。それは、地域に残る神話や伝承に紛れ込んでいる場合もあれば、外国からの訪問者が媒介することもある。また、発掘によってなんらかの痕跡が見つかり、明らかになる歴史もある。

教科書に載っている日本史をストレートに受け取るのもいいが、裏の裏を読み解くことこそ歴史を学ぶ本当の楽しみといえるだろう。その事件によって、利益を得る者は誰か。出土した遺物は何を物語っているのか。それは、推理小説を読み解く作業にも等しい。豊臣秀吉は確かに天下をとったが、彼が戦場を駆け抜けた後には、どんな凄惨な世界が広がっていたか。それを知って、初めて戦国という過酷な時代を生きる大変さが理解できる。本書では、みなさんがよく知る歴史上の出来事をあらためて見直すだけでなく、これまで知られていない歴史の闇にも焦点をあてた。これまで歴史に関心がなかった人も、興味を持つきっかけになれば幸いである。

別冊宝島編集部

CONTENTS

第二章　あの人物の真実とミステリー……105

第三章　恐ろしすぎる「怨念」のミステリー

海外のスキャンダル

※本書は、２００８年12月発行の宝島ＳＵＧＯＩ文庫『タブーの日本史』および２００９年４月発行の宝島ＳＵＧＯＩ文庫『タブーの日本史 消された「過去」を追う』を合本し、加筆・修正を加え改題したものです。

第一章

伝説の真相と
歴史スキャンダル

戦国鳥取城で起こった飢餓地獄

秀吉が起こした戦国のカニバリズム

“天下人”豊臣秀吉の成功の陰には身の毛もよだつ残酷譚が少なくない。なかでも中国侵攻作戦での鳥取城攻略戦は、苛烈な兵糧攻めの末、人が人を喰らうおぞましい飢餓地獄を呼んだことで知られる。いったい鳥取城で何が起こったのか。

極限の状態が人を共食いに追い込む

日本の歴史の中でもタブー中のタブーとされてきたもの、それがカニバリズム（人が人を食べる行為）である。記憶に新しい1981年のパリ人肉事件（日本人留学生が知人女性を殺し、その人肉を食べた事件）は世を震撼させた。交尾を終えたメスがオスを食べることで知られるカマキリをはじめ、共食いする動物は昆虫を筆頭に枚挙に暇がない。「畜生道（ちくしょうどう）に堕ちる」とは人が人でなくなることでもあるのだが、カニバリズムはその最たるものといえよう。

だが、極限的な飢餓に追いつめられた場合、時に人はこのタブーを犯す。日本史の中でも江戸時代の4大飢饉など、人肉食の記録は少なくない。このうち、中世を代表するカニバリズムとして有名なのが、戦国時代の豊臣秀吉による鳥取城攻略戦であろう。

天正五年（1577）、天下統一を目前にしていた織田信長の命を受け、秀吉の毛利征伐がスタートした。〝城攻めの名人〟秀吉はその知略をフルに発揮し、上月城

鳥取城は山頂の「山上の丸」と山麓の「山下の丸」の二重構造になっている。山下の丸には現在も堀と石垣が残っており、この城の守りの堅さがうかがえる。

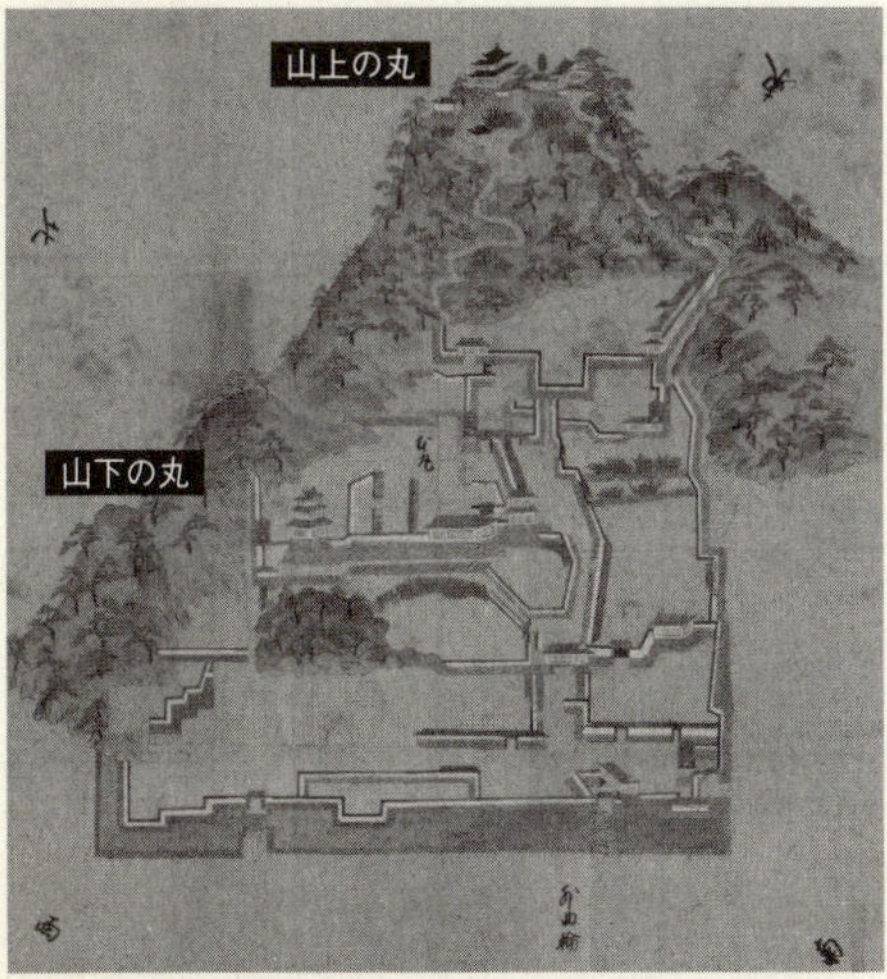

「日本古城絵図・因幡国鳥取城図」国立国会図書館所蔵

(兵庫県佐用郡)、三木城(同三木市)など毛利方の重要拠点を次々に陥落させていった。この三木城攻略戦の決め手になったのが〝渇え殺し〟、つまり兵糧攻めである。

敵の籠城作戦を見抜いた秀吉。買い占められる伯耆の米

古来、兵糧攻めは犠牲の多い力攻めに比べ、「戦わずして勝つ」という効率の良い作戦だ。クールな合理主義者でもある秀吉は、次のターゲットとなる伯耆因幡の要衝・鳥取城でもこの戦法を使おうと考えていたのである。

一方、毛利氏は重臣の吉川経家を天正九年(1581)三月、鳥取城の総大将として入城させた。城を守る兵は計1400人。これに対する秀吉軍は2万余に上る。無論、まともに戦っては経家に勝ち目はない。幸い鳥取城は久松山(標高264メートル)に築かれた山陰有数の要害、経家は早くから籠城戦を決意していた。

伯耆地方は十一月になると大雪が降るため、籠城長期戦に持ち込めば敵が包囲戦を続けることは難しくなる。経家は秀吉軍の到着を七月と読んだ。この計算でいくと、4ヵ月しのげば秀吉軍は撤退を余儀なくされることになる。となれば戦さの命運を分けるのは兵糧——だが、ここで大きな落とし穴が待ち構えていた。その兵糧がないのである。伯耆の米の流通が機能不全に陥っていたのだ。

経家の作戦を早々に見抜いていた秀吉は、若狭から米廻船を廻し、高値で伯耆の米

を買い占めていたのである。すでに戦いは始まっていた。慌てた経家は必死で兵糧を探したが、2〜3ヵ月分を集めるのがせいぜいだった。

遺骸を切り分ける兵士たち。「うまい」のは頭だった！

果たして秀吉軍は七月に鳥取城へ来襲、久松山を2万余の兵で包囲した。毛利本軍は救援を差し向けようとしたが、抜け目のない秀吉はこれをことごとく阻止。すべての糧道をも遮断して鳥取城を孤立化させた。経家も討って出るわけにいかず、秀吉も攻めず、ただ時だけが過ぎた。

九月、十月、兵糧の尽きた城内は飢餓地獄へと陥る。兵たちは木草の葉を食べ、次に稲株を喰い、これがなくなると牛馬をも殺して喰いあさるようになった。城の男女はみな無残に痩せ細り、なかには城外の柵にすがって「助けてくれ」と泣き叫ぶ者もいたが、敵兵に鉄砲でつるべ撃ちにされる有様だった。

限界の上に限界を超えた城内は、ついに衝撃的な結末を迎える。敵の鉄砲に撃たれ、虫の息になった者のまわりに刀を持った兵が群れ集まり、節々を切り離し、その肉を取りあったのだ。「なかでも頭は良き味と見え、首をこなたかなたへ奪い取り逃げた」(『信長公記』)。人喰いの話はこれだけではない。城内には死んだ子供の死体を尻の下に敷いてむしり喰う親の姿もあった。

戦さとは非情であり、古今東西、残酷な結末を迎えた合戦は数知れない。だが、「人が人でなくなる」ほどのカタストロフィを迎えた鳥取城攻防戦ほど悲しい戦さはない。

ここに至り、ついに経家は降伏開城を決意する。経家は城兵の命と引き換えに切腹を申し出、秀吉もこれを許した。城から出てきた兵たちは見る影もない様子だったという。雪降る十一月を目前にした十月二十五日、経家は真教寺の仏殿で切腹した。

秀吉は久松山の麓に大釜を用意し、投降してきた兵たちに粥をふるまった。だが、一気に粥をむさぼり喰う者が多かったため、頓死する者が大半であったという。

老いた秀吉がもたらした悲劇の実態とは？

『朝鮮日々記』から見る狂気の朝鮮侵攻

千利休の切腹に始まる秀吉の蛮行。なかでも、朝鮮出兵は味方をも苦しめ、得るもののない悲惨な結末を迎えた。なにが秀吉を戦争に駆り立てたのか。その戦慄の記録をひもとく！

秀吉の妄執か政策か、2度にわたり無謀な戦いに挑む

2度にわたる朝鮮出兵は秀吉の歴史的評価を著しく下げる。この無謀ともいえる侵略の理由ははっきりしていない。ただ、千利休に切腹命令を出した頃から歯車が狂いだし、高齢で得た愛児・鶴丸を3歳で亡くすなどの不幸に見舞われると、さらに狂気に駆られていったようである。

甥の秀次を切腹させた一件も、若き日の秀吉なら考えられない出来事だ。鶴丸の死後、秀次を養子に迎えた秀吉だが、実子・秀頼が生まれると途端に疎ましく思うようになった。文禄四年（1595）には秀次に謀反の疑いをかけ、高野山へ追放。秀次

を切腹させたあとは、女子供であろうと容赦せず、秀次一族と愛妾らを粛清した。
織田信長の家臣時代も、一向一揆の殲滅や毛利氏への見せしめに女子供まで虐殺するなどの行為を行っていた。そもそも彼が籠城戦を得意としたのは、「戦わずして勝つ」という効果を見越したからであった。徹底した兵糧攻めで時に生き地獄を敵に味合わせた秀吉だが、自分の軍を損なうことなく敵が自滅するのを待つ作戦は、味方の将兵からすれば、残忍どころかなんとも頼もしい大将と感じられたはずだ。

そんな秀吉だからこそ、朝鮮出兵は政策上の必要に駆られてという者もいる。関白になった頃、秀吉は「明を征服し、日本の領土をインドやフィリピンにまで広げる」と明言している。足軽から出世した稀代の男ではあったが、これには誰もが唖然とした。だが、秀吉は家臣に領地を与える政策で全国統一を果たしている。それが成し遂げられた以上、海外まで領土を広げなければ豊臣政権を維持できなかったというのだ。

日本兵を苦しめた朝鮮半島の予想以上の寒さ

理由ははっきりしないが、とにかく、文禄元年（1592）三月、秀吉が16万の兵を朝鮮へ派遣したことは事実である。

大名たちには兵や食糧の献上が申し渡された。それは領国の維持に支障をきたすほどであった。しかし、秀吉の支配によって国内が安定し、領土保全がなされた以上、

加藤清正と小西行長の進撃ルート（文禄の役）

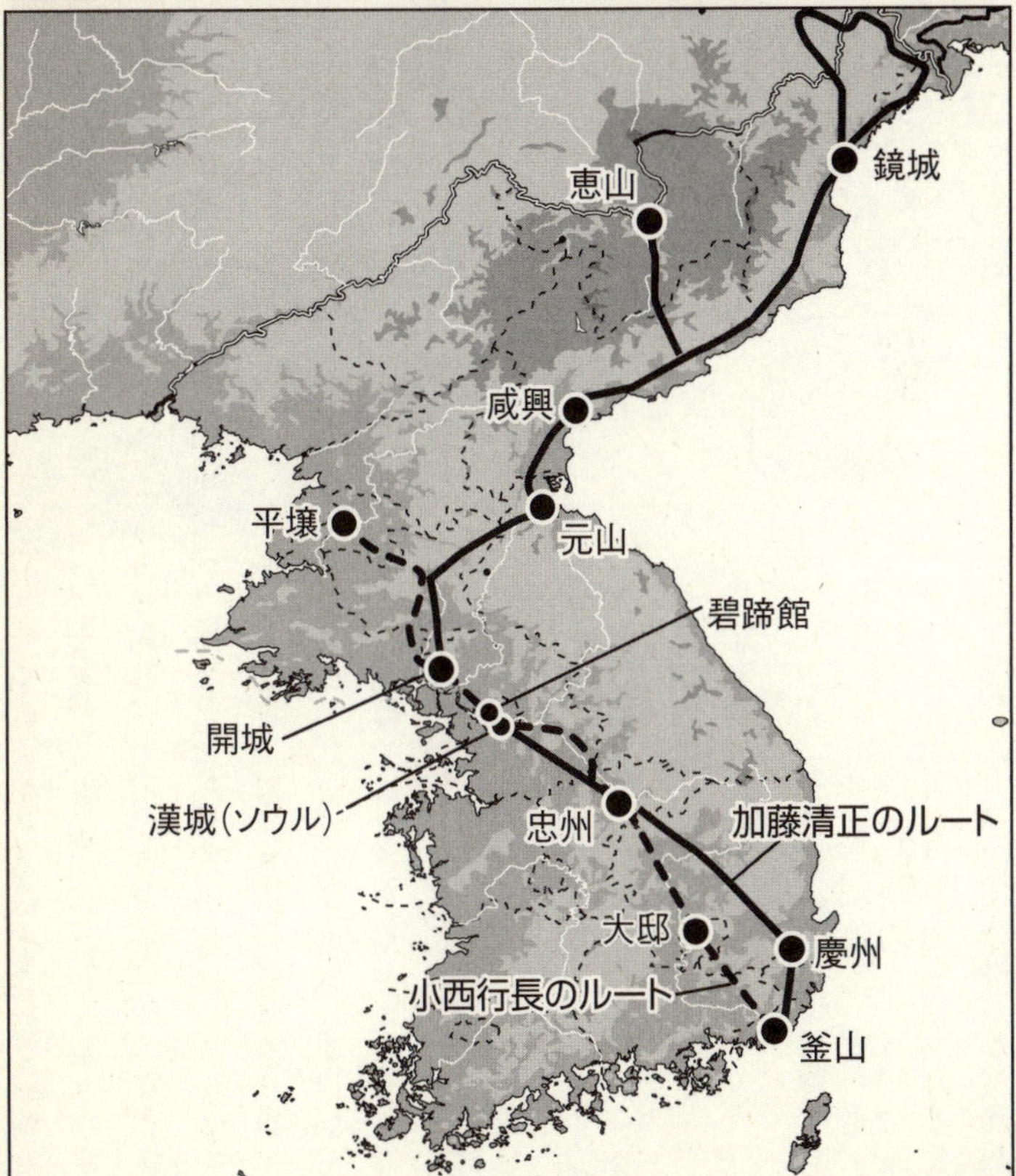

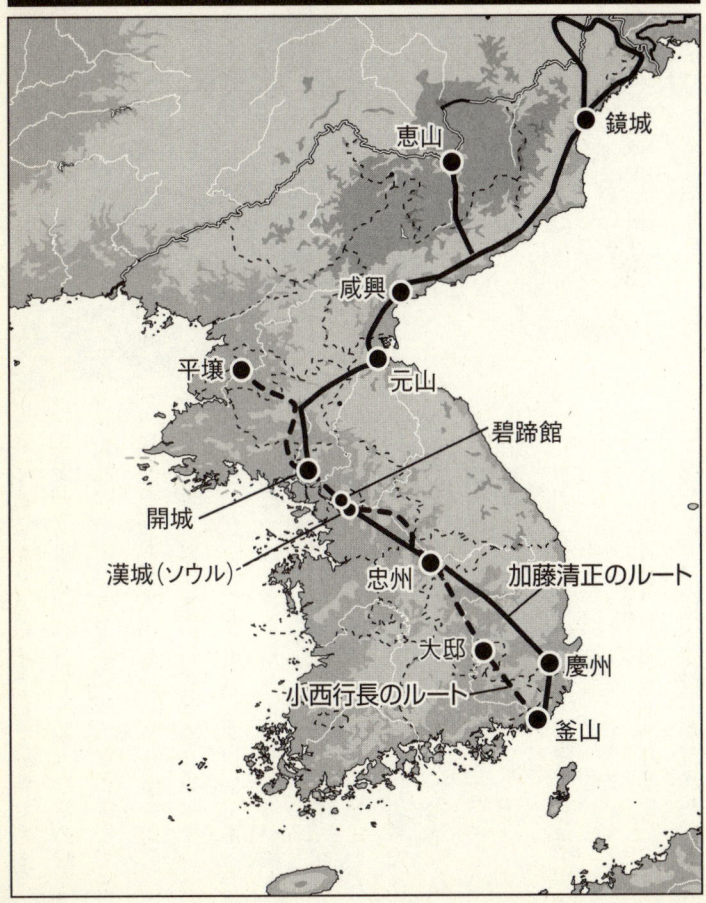

兵を動員できるはずという建前がある。大名たちは領国の不安を抱えながら兵を出し、その一方で明に広大な領国ができることを期待していた。

当初、日本軍は連戦連勝を重ねていた。この時代、日本軍の強さは圧倒的であった。朝鮮では200年も平和な時代が続き、武官より文官が優遇される政策がとられていた。だが、日本は乱世が続いていたため、兵が戦争に慣れており、実戦ですぐに使うことができた。さらに日本軍は改良された鉄砲が大量生産され、武器の面でも有利であった。

事実、日本軍は釜山(プサン)に上陸すると1カ月もしないうちに首都・漢城(はんじょう)を占領し、さらに六月には平壌(ピョンヤン)を陥落させている。

しかし、六月に明の援軍が到着し、朝鮮

義兵が決起すると戦況は膠着する。

兵は強くても、作戦があまりにも杜撰だった。なんといっても、最高責任者である秀吉は日本にいるのである。

石田三成は兵の士気を上げるため、秀吉の渡海を強く要請し、秀吉自身もそのつもりでいたが、徳川家康と前田利家は強硬に反対した。秋になると海は荒れる。秀吉に何かあっては日本が危険にさらされると進言し、渡海は三月まで延期になった。

さらに日本兵を苦しめたのは兵糧不足と冬の寒さであった。兵は防寒具など用意していない。冬になれば気温は氷点下まで下がり、川が分厚い氷で覆われる朝鮮半島北部を草鞋で踏破しなければならないのだ。

この情報不足は致命的で、凍傷のため耳や手足の指を失う兵が続出した。予想外の寒さによって鉄砲隊も使えない。結局、明と講和交渉に臨むことになるのだが、それまでに出た日本軍の被害は惨憺たるものだった。全体で約3割、具体的には加藤清正は約半分、鍋島直茂は4割近くの兵を失った。

秀吉は「明の皇女を天皇に嫁がせる」「明との貿易を復活させる」「朝鮮南四道を譲渡すること」「朝鮮の王子および大臣を人質とする」など、日本にとって都合のいい7つの条件を並べて石田三成・小西行長らを明に送った。しかし、彼らは秀吉の許可なく降伏文書を偽造し、明との講和交渉にあたった。

当然、明は秀吉が期待していた降伏状などおくるはずはない。7つの条件も完全に無視され、交渉は決裂。激怒した秀吉は第2次朝鮮侵攻である「慶長の役」を決意する。この交渉中、大被害を受けた朝鮮に発言権はまったくなかった。

『朝鮮日々記』に記された鼻切りの状況とは？

慶長二年（1597）二月、秀吉は再び14万の軍を朝鮮に出兵させた。

この戦いに従軍したひとりに慶念という僧侶がいた。彼は当時60歳を過ぎた高齢であったが、軍目付・太田一吉の要請を受け医僧として戦場をめぐった。自身も飢餓に苦しみながら戦場での出来事を歌に託した日記が『朝鮮日々記』である。

日本兵が行った残虐行為のなかで有名なのが「鼻切り」であろう。日本では戦国時代から始まり、慶長の役では徹底した虐殺と鼻切りが行われている。

秀吉自身も小早川秀秋の出陣時に、「朝鮮人を皆殺しにして朝鮮を空き地とせよ。朝鮮人の鼻を割いて首の代わりとせよ」と命令を下している。

戦地では大名とその家臣に鼻切りが強制された。家臣たちは集めた鼻を大名に差し出し、鼻請取状をもらう。数が多ければ多いほど戦功があったと見なされ、知行が増えた。大名はその鼻を軍目付に渡して鼻請取状を受け取る。これが大名家の戦功である。

首の代わりに持ち帰った鼻や耳を埋葬、供養したといわれる京都の耳塚。

慶長の役・参加武将

一・二番隊	小西行長・加藤清正
三番隊	黒田長政・毛利吉成・島津豊久・高橋元種・秋月種長・伊東祐兵・相良長毎
四番隊	鍋島直茂・鍋島勝茂
五番隊	島津義弘
六番隊	長宗我部元親・藤堂高虎・池田秀氏・来島通総・中川秀成・管達長
七番隊	蜂須賀家政・生駒一正・脇坂安治
八番隊	毛利秀元・宇喜多秀家
釜山浦城	小早川秀秋
安骨浦城	立花宗茂
加徳城	高橋直次
竹島城	小早川秀包
西生浦城	浅野幸長
合計	141,390人

加藤清正は部下ひとりに対して鼻3つを取るように命じていた。日本兵はとにかく切った鼻があればいいということで、一般人であっても容赦せずに鼻を削いだ。それは女性に対しても同じである。老若男女を問わず、僧侶であろうと関係はなかった。日本で行われた鼻切りとの大きな違いは生きている者の鼻まで削いだことであろう。朝鮮では日本軍が撤退した後も数十年は鼻がない者が非常に多く見られたという。

こうして集められた鼻は塩漬けにされて、桶や壺に詰めて日本の秀吉の元に送られた。

また、日本人による人買いも頻繁に行われていた。

『朝鮮日々記』には「日本から来たたくさんの商人の中には人を買うものもいた。老若男女を問わず買い取り、首に縄をくくり付け、歩くのが遅ければ杖で追い立てて走らせる。それは地獄の鬼が罪人を責めるようであった」と記されている。

商人に買われた朝鮮人捕虜は、長崎にあった奴隷市場でポルトガル商人に売られ、ヨーロッパなどに連れて行かれた。なお、大名が日本に連れ帰った捕虜もいて、彼らは農耕奴隷として酷使される運命にあった。

捕虜の中には陶工も含まれており、彼らによって焼き物の技術が日本中に広まった。有名な有田焼や薩摩焼、萩焼などの基本はこのとき伝えられたものであるが、この事実はあまり知られていない。

朝鮮出兵の日本側の拠点となった名護屋城。築城名人として知られる加藤清正らが設計し、わずか８ヵ月で完成させた。写真は５階７重の天守があったといわれる、本丸の天守台の石垣。

慶長三年（１５９８）八月十八日、慶長の役のさなか、秀吉は伏見城で死去する。家康たち五大老・五奉行は秀吉の死を隠したまま諸大名に撤退命令を出した。帰国を聞いた日本兵は狂喜したという。

虐殺を行った日本兵さえ帰りたがっていたという事実……小西行長や島津義弘(よしひろ)ら朝鮮での中心部隊が撤退したことにより、この戦乱は集結する。朝鮮の人口は激減し、国土は甚(はなは)だしく疲弊した。明もまた国力を失い、新興の後金(こうきん)（後の清）に破れる。当の豊臣政権も大名たちの信用を失ったことで崩壊を早めた。秀吉の朝鮮出兵は各国に深い傷跡を残しただけの、大いなる徒労であった。

民への愛を重んじた兼続が命じた皆殺しの真実！

義の人・直江兼続が下した八王子城殲滅命令

謙信の志を継ぎ、戦国一義に篤い男といわれる兼続。しかし、主君と領国を守るためには、時に非情な皆殺しも躊躇しない怖ろしい一面もあった！

秀吉に惚れられた直江兼続

知る人ぞ知る武将であった直江兼続が今、脚光を浴びている。彼は織田信長・豊臣秀吉・徳川家康のように天下統一を目指したわけではなく、武田信玄・上杉謙信のように英雄であったわけでもない。

武士の家に生まれたとはいえ、兼続の父は坂戸城で薪や炭の管理をしていた薪炭用人だった。決して身分が高かったわけではない。だが、兼続は「忠臣二君

兼続の領地だった与板城下（新潟県長岡市）に立つ直江兼続銅像。

に仕えず」を貫き、生涯を通じて謙信の後継である上杉景勝を支えた。

実は直江兼続の幼少期の記録はほとんど残っていない。ただ、幼い頃から聡明だった彼は、長尾政景の妻で上杉謙信の姉でもある仙洞院に見いだされ、景勝の近習に推挙されたという。政景が亡くなると、景勝は仙洞院とともに上杉謙信の春日山城に引き取られることとなった。このとき、兼続も一緒に入城している。

美貌と才気を認められた兼続は謙信の寵愛を受け、衆道（男色）の相手となったとする俗説もあるが、彼が謙信のもとで近侍したことを示す資料はない。これは講談や講釈本におもしろおかしく書かれただけであろう。

天正十年（１５８２）、本能寺の変によって日本は大きく揺れる。織田信長が天下統一をほぼ完成した矢先に起こった反逆事件。多くの武将が混乱し、対応に苦慮したなか、的確に動いたのが豊臣秀吉だった。秀吉は信長の一家臣に過ぎなかったが、信長の後継者を名乗り、諸大名を圧倒した。このとき上杉家は秀吉からの出陣要請を受け、その期待に応えて篤い信頼を得た。

上杉景勝と直江兼続が生まれ育った坂戸城跡。

講談によると越後と越中の境にある落水城（新潟県糸魚川市）で、景勝と兼続は初めて秀吉に謁見している。秀吉はわずかな部下とともに、突然城にやってきた。家臣たちは秀吉を殺害する絶好の機会だと景勝に進言する。景勝は兼続に目線をやると、兼続は頷いて主君の意思を皆に告げた。

「武器を持たずにやってきた者を殺しては武士の恥。上杉家は義を尊ぶ家柄である。急襲をかけるなど義が成り立たない」

こうして秀吉を手厚くもてなしたという。

このとき秀吉の側にあったのが石田三成であった。秀吉と景勝、偉大な君主の下で政務を担当する三成と兼続は強い信頼関係で結ばれる。

天正十四年（1586）、秀吉に招かれ、景勝と兼続は初めての上洛を果たした。ここで、景勝は従四位下左近衛権少将に任じられる。公的には殿上人となり、大名の中でも高位となった。

天正十六年、景勝と兼続は再度上洛した。景勝は従三位が与えられ、ついに公卿と

八王子城は城下町にあたる「根小屋地区」、城主氏照の館のあった御主殿跡などが残る「居館地区」、戦闘時に要塞となる「要害地区」から構成される。写真は御主殿跡へ通じる虎口と冠木門。

なった。兼続にも従五位下が与えられ、景勝を通してではなく、秀吉直下への仕官を打診された。ここで兼続は角が立たないように誘いを断っているが、もし受けていたなら景勝よりも多い禄高を保障されていただろう。だが、兼続にとって君主とは景勝ただひとりだった。それでも秀吉は兼続を惜しみ、豊臣の姓を授けている。もはや、上杉家の家臣というより、独立した大名というべき身分であった。

八王子城１０００人の大虐殺

そして、天正十八年、秀吉は天下平定に向け最後の大戦に臨んだ。小田原の名門・北条氏の討伐である。秀吉は全国の大名に号令をかけ、軍勢をふたつに分けた。家康と西国の大名からなる主力部隊と、前田利家を大将とする北国部隊である。上杉軍は北国部隊に属し、景勝は副将格であった。北国部隊は前田軍１万８０００を主軸に、上杉軍１万、真田軍３０００など、総勢３万５０００の大勢力となる。

上杉軍は二月十日に春日山城を出発し、前田軍・真田軍と合流すると、碓氷峠を目指し、まずは北条方の松井田城を攻めた。城主・大道寺政繁は籠城策を取って激しく抵抗したが、兼続は城下を焼き討ちにするなどして攻撃。激戦の末、四月に政繁は降伏した。

北国部隊は武蔵松山城（埼玉）の攻略に成功し、景勝と兼続は秀吉の命令を受け、

鉢形城（埼玉）に向かった。だがここは、北関東の拠点となる城だけに鉄壁の守りを誇り、北国勢は苦戦する。徳川軍から派遣された本多忠勝や鳥居元忠らの援護を受け、六月に落城させたが兼続は秀吉から厳しい叱責を受けた。

次の標的は八王子城（東京）であった。ここは小田原城の支城であり、関東西方の軍事拠点となる巨大な山城である。だが城主の北条氏照は小田原本城へ向かっており、豊臣本隊と戦っていた。そのため、城内は横地監物、狩野一庵、中山家範の3人に率いられた兵と戦禍を避けて避難していた領内の農民・婦女子、合わせて1000人ばかりが立て籠もるのみだった。

秀吉の機嫌を損ねるわけにはいかない

兼続は、早々に結果を出さねばならなかった。そこで、六月二十三日早朝、北国部隊は3万5000の兵をもって城を攻撃した。

圧倒的な兵力の差を知りながら上杉軍は猛攻を仕掛ける。八王子城はその日のうちに陥落した。籠城戦の場合、戦略として開城をうながすように交渉するものだが、八王子城の場合は北条氏への見せしめの意味もあったので降伏さえ許されなかった。

女子供を問わず虐殺、北条軍の兵は全滅した。城主や家臣の妻女、腰元たちは兵の狼藉から逃れるために滝へ飛び込み自害した。滝の水は三日三晩血で赤く染まったという。兼続が下した凄惨（せいさん）な命令は、戦力にならないとはいえ北条方の民に手心を加えることで、秀吉の勘気に触れることを恐れたためであった。

その後、徹底抗戦を主張した北条氏政（うじまさ）と氏照だが、間もなく自害。北条氏の降伏により、武田信玄・上杉謙信らの名将をしても落とせなかった戦国一の堅城・小田原城が、ついに開城することになった。

なお、八王子城跡は徳川幕府の直轄領として明治時代まで立ち入り禁止となっていた。そのため、近年まで観光地化もされず、比較的よく遺構が残っている。無辜（むこ）の民が大勢虐殺されたために関東の心霊スポットとしても有名で、城主の居住地であった御主殿（ごしゅでん）近くの滝では自害した女性の声が、観音堂には武士とその妻女たちが現れるのだという。

伊達家・武田家・松平家を襲った悲劇

親が子の殺害に踏み切る「骨肉の争い」戦国のお家事情

親が子を、子が親を殺した戦国乱世。ある時は領地をめぐって、またある時は家督をめぐって。名のある戦国大名は必ず骨肉の争いを繰り広げている！

危うし独眼竜！　伊達政宗毒殺未遂事件

「独眼竜」伊達政宗（まさむね）は奥州の覇者として知られる戦国大名だ。幾多の合戦で何度も絶体絶命の窮地に追い込まれたが、持ち前の強運と天才的な武略を生かし、したたかに江戸時代まで生き残った男である。

天正十八年（１５９０）四月、彼は生涯最大の危機を迎えていた。当時豊臣秀吉は関白の名のもとに奥州へ停戦命令を出していたが、政宗は秀吉の力を侮ってこの意向を無視、南奥羽の大半を攻め取っていた。だが秀吉の勢力は西日本から関東、奥州へと迫り、さすがの政宗も臣従するほかなくなっていたのである。だが、秀吉は怒り心

頭、下手をすれば伊達家は滅ぼされかねない状況だった。

　この事態を憂いたのが政宗の実母・義姫（のち保春院）である。義姫は出羽の戦国大名・最上義守の妹でもあった。気性の激しい人であり、伊達家と最上家が対立した時には両軍の間に輿で割り込んで一喝、ついに両家を和睦させた女傑だ。

　義姫は兄の義光にそそのかされ、とんでもない計画を実行に移す。それは政宗の殺害だった。政宗の首を秀吉に届けて許しを乞い、新たに政宗の弟である小次郎を擁立して伊達家の存続を図ろうとしたのだ。もともと義姫は隻眼の政宗を嫌い、聡明な小次郎を愛するきらいがあった。

　義姫は素知らぬ顔で政宗に毒の入った膳を出した。政宗は苦しんだが、解毒剤を飲んで一命は取り留める（一説では側近が企みを見抜き、政宗は毒を口にしなかったとも）。政宗は小次郎を切腹させ、義姫は最上家へ戻された。結局、秀吉は小田原で臣従を申し出た政宗を許し、本領を安堵している。

……後年、政宗、義姫ともこの事件を悔やみ、2人の間にはようやく親子の情が通うようになる。文禄二年（1593）、朝鮮に出陣していた政宗のもとに義姫から手紙と小遣い金が届いた。政宗は感激し、長文の返書を書き、最後に「もう一度お会いしたい」と結んだ。その後も政宗は何通も義姫に伊達家に戻るよう文を書いている。だが、義姫は罪を悔い、これには応じなかった。

事件から32年経った元和八年（1622）、最上家が改易となり、義姫は行き場を失う。政宗は使いをやり、仙台城に母親を温かく迎えた。義姫が76歳で没したのはこの翌年である。

信玄、我が子を地獄へ落とす武田義信自害事件

永禄八年（1565）甲斐の猛将、武田信玄のもとに信じ難い報せが入った。息子の義信と家老の飯富虎昌が謀叛を企てているというのだ。

義信は次期武田家当主であり、虎昌は股肱の臣だった。義信は妻が今川家の娘だったため信玄が唱えていた駿河攻めに強硬に反対していた。

さて、実際に謀叛が起こったかどうかは謎だが、信玄親子に抜き差しならぬ対立があったのは事実だ。そして放置していては武田家は駿河侵攻反対派の義信と信玄の2派に分裂されかねない状況だった。まさに父・信虎と信玄の対立の再現である。

信玄は飯富虎昌以下多くの義信側近を処刑。義信衆80余騎も成敗した。駿河侵攻という一大事業を前に、武田の膿を徹底的に出し尽くしたのである。ただ鬼の信玄も迷いがあったか、義信は東光寺（甲府市）に幽閉するにとどめた。

2年後の八月、信玄は突如甲斐・信濃・西上野の家臣団に忠誠を誓わせる「起請文」を提出させた。ズバリ「どんなことが起こっても信玄公に従う」という異様な誓約書である。ほどなく義信は東光寺で自害した。

山梨県甲府市の東光寺は、信玄の本拠地・躑躅ケ崎館の東南約２キロのところにある。写真は東光寺山門と武田義信の墓。ここには信玄の義弟で、義信同様に信玄によって自害させられた諏訪頼重の墓もある。

父・信玄の命であったと考えざるを得ない。翌年、信玄は駿河へ駒を進めた。

家康、妻と我が子を殺す築山殿、信康暗殺事件

天正七年（1579）八月、徳川家康は生涯最大級の辛酸をなめさせられる。同盟相手の織田信長から正妻の築山殿（つきやまどの）、長男の信康（のぶやす）を殺せと命じられたのだ。信康は武勇優れた若大将。信長の娘・徳姫と結婚し、岡崎城主として押しも押されもせぬ家康後継者となっていた。だが、姑築山殿と徳姫の折り合いが悪かったことが仇となる。徳姫は信長に12ヶ条に上る築山・信康の罪状を訴える。内容は築山殿の武田との内通、不義密通、信康の乱行を責めるもの。信長は家康の老臣酒井忠次に事の真偽を聞いたが、忠次は十分な弁護ができなかった。

2人の処罰を命じられた家康。もちろん、逆らうことはできない。

家康は断腸の思いで築山殿を浜松城下で討ち果たし、九月には信康を切腹させた。一説では、信康の器量を警戒した信長の陰謀とも、信康を擁立した謀叛の動きに対する家康の防御作戦とも言われているが、真相は闇の中である。

戦国三傑の中で信長は弟信行を、秀吉は甥秀次を殺しているが、救われなさではとても家康の比ではない。

公武合体論の犠牲になった悲劇の天皇

孝明天皇・毒殺説の真相

歴代天皇の中で、孝明天皇ほど短期間で未曾有の激動を体験した人はおそらくいないであろう。黒船の来航を機に沸き起こった開国論、攘夷論の挟間で突然、表舞台に登場するも、わずか36歳で崩御。悲劇の帝といわれたその死因は、病気説、毒殺説が相半ばし、いまも謎に包まれている。

16歳で即位、政治の重要場面に引き込まれる運命

孝明天皇は、天保二年（１８３１）六月十四日、仁孝天皇の第４子として生まれた。弘化三年（１８４６）、16歳のときに第１２１代の天皇に即位した。徳川幕府２６０年あまりの歴史の中で、天皇は、幕府が定めた「禁中並公家諸法度」により、「天子諸芸能のこと、第一御学問なり」として長く政治の舞台から遠ざけられてきた。

孝明天皇も、平穏無事な時代に即位していればおそらく政治的役割を持たない天皇として終わっていたであろう。ところが彼が生きた時代は、革命前夜ともいうべき日本の歴史上、稀に見る激動期であった。黒船の来航にはじまり、安政の大獄、和宮降

嫁、桜田門外の変、将軍上洛、尊攘派（長州）を駆逐した八月十八日の政変など、国をゆるがせる大事件が孝明天皇の在位中にいくつも起きている。

16歳という若さで即位し、政治的な経験も実績もほとんどないまま、動乱の中に踏み込まざるを得ない。その重圧と緊張と不安の中で、日々どのように過ごしていたのであろうか。自らの意志とは関係なく、即位したときから政治の重要場面に巻き込まれる運命にあった。まさにそれが、孝明天皇をして短くも激しい生涯を送らしめたのかもしれない。

難問降りかかるさなか、体調を崩す

即位から7年後、外交問題は日本の行方を揺るがしかねない重要課題になっていた。嘉永六年（1853）六月、アメリカのペリーが浦賀に来航すると、大老井伊直弼（なおすけ）は勅許を得ないまま、日米修好通商条約に調印する。これが攘夷を唱える孝明天皇には許しがたく、水戸藩の徳川斉昭（なりあき）ら攘夷派を巻き込んで井伊らと激しく対立する。事態はこののち、安政の大獄、桜田門外の変といった国を揺るがす事件につながっていく。

井伊直弼の暗殺後、幕府の権威が完全に失墜すると、幕府は朝廷との融和を図るため「公武合体論」を持ち出した。その手段として、幕府側は孝明天皇の異母妹である和宮を、第14代将軍・家茂（いえもち）に降嫁するよう働きかける。妹を箱根の山を越えて江戸に

『グリソンズ・ピクトリアル』より「ペリー極東遠征艦隊図」。了仙寺所蔵

嫁がせることに胸を痛めた孝明天皇は、この問題に難色を示した。しかし、公家側の岩倉具視（ともみ）らが「不平等条約（日米修好通商条約）の破棄」と「攘夷」の約束をとりつけ、天皇はやむなく和宮の降嫁を認めるのである。

そして慶応二年（1866）十一月半ば頃から、孝明天皇は体調を崩し、高熱、悪寒、頭痛など訴える。やがて発疹が生じるなど容態は日増しに悪化し、ついに十二月二十五日「崩御」が伝えられるのだ。死因は痘瘡（天然痘）だった。奇（く）しくも、十二月五日には徳川慶喜（よしのぶ）が第15代将軍に就任し、そのわずか20日後に孝明天皇が亡くなったことから、その死ははじめから謎めいていた。享年36であった。

威信回復を狙ったものの策士・岩倉具視に毒殺される？

天皇の死因をめぐっては、いまだに専門家の間でもヒ素中毒による毒殺説と、悪性痘瘡（とうそう）による病死説があって真相は明らかになっていない。しかし天皇の崩御によって、あまりに都合がよい人物がいることから「毒殺説」がまことしやかにささやかれている。天皇の毒殺で最大の利益を得る人物とされるのが、公家出身の岩倉具視である。

岩倉は、京都の公家だった堀河康親（ほりかわやすちか）の子として生まれ、のちに公家の岩倉家に養子に入った。その人柄をして語られるのは、機を見るに敏、世渡り上手、合理主義者というイメージだ。

あるときは「公武合体」の旗振り役として、孝明天皇の異母妹和宮と将軍家茂との婚姻を強力に推進。かと思えば、親幕派として暗躍し、時代状況が倒幕に傾くと今度は尊王攘夷に転ずるなど、変わり身の早さに策士の顔が見え隠れする。

孝明天皇が病に倒れる直前は、薩摩藩の討幕派に接近し、徳川慶喜を信頼していた天皇とはどちらかといえば対立する関係にあった。岩倉自身が一時期、宮廷から追放されていたことを根に持っていたともいわれ、孝明天皇の路線とは相容れなかったようだ。

宮廷内には、天皇と距離を置く公家たちもいて、彼らと画策して毒殺することも不

可能ではなかった。実際、天皇に直接、毒物を投与したのは、天皇の愛妾で、岩倉の異母姉であった堀河紀子（もとこ）ではないか、という説もあるほどだ。

そして、岩倉が天皇毒殺を疑われる最大の理由が、天皇亡き後の自らの処遇である。薩摩の大久保利通（としみち）と結託して宮中の親幕派を追い出し、王政復古のクーデターを決行した岩倉は、新政府樹立後の明治四年（1871）十一月、「岩倉遣米欧使節団」の団長として欧米12ヵ国を歴訪する。大久保利通、伊藤博文らを率いて諸国をまわった岩倉は、帰国後、自ら右大臣に就任し事実上、政治の実験を握る。

孝明天皇の死が、まるで岩倉具視を新政権の中枢に押し上げた、と思えるほど鮮やかな出世コースをたどっている。

事件の背後に潜む、水戸VS彦根の構図とは!?

「桜田門外の変」大老・井伊直弼暗殺事件の真相

井伊直弼の暗殺事件は、開国と攘夷の狭間で揺れる当時の日本の状況を物語っている。幕府の権威失墜と幕政の改革を狙ったテロであったが、事件後、日本は開国に向けて一気に加速。実はこの事件の黒幕こそ水戸藩主・徳川斉昭だった?

雪の朝、18名の刺客が凶行におよぶ

「桜田門外の変」は、幕府・大老の井伊直弼(なおすけ)が、水戸藩を脱藩した激派(幕府の密勅返納要求に反対するグループ)浪士ら18人によって江戸城桜田門外で殺害された事件である。

一般的には、幕府の権威失墜または転覆を狙ったテロリズムとして理解されているが、背景には、開国か、攘夷か、国を二分する政治思想で揺れ動く幕末の状況が複雑に絡み合っている。その核心にふれる前に、まずは事件の経過について振り返っておこう。

季節は本格的な春が間近い安政七年（１８６０）三月三日。その日、江戸には珍しく朝から大雪が降っていた。「忠臣蔵」の討ち入り、二・二六事件など、東京が舞台になった暗殺事件と雪の日は、不思議と重なることが少なくない。

そんな波乱を予兆するように、その日、井伊直弼を乗せた駕籠は、降りしきる雪の中を江戸城に向かって進んでいた。およそ60名の供回りや足軽などがその駕籠を取り囲みながら随行する。時間は朝9時頃。駕籠がちょうど桜田門外にある藩の門前あたりを過ぎたころだった。井伊らの登城する様子を見ていた武士の集団の中から突然、一人の男が飛び出してきた。

手に訴状をもって大老に直訴しようとしている。取り巻きがあわててその男を制止しようとしたそのとき、男は突然、刀で斬りつけた。

さらに、行列の先頭がもっていた槍を奪おうとする。侍たちが気づいて、行列の先頭に駆け出すと、ピストルの銃声が響き、それを合図に、集団が井伊直弼の乗った駕籠を急襲した。

勅許を得ぬまま条約を締結

あっという間の出来事だった。刺客たちは、襲撃に際し、行列の先頭に注意を引きつけ、駕籠回りの警備が手薄になった隙をついて、井伊の駕籠に一斉に刀をつきたて

た。居合いの名手といわれた井伊直弼も、まったく抵抗することなく討ち取られてしまう早業だった。一説には、井伊は刺客の一人が発射したピストルの銃弾で腰を撃たれ、身動きがとれなかったともいわれている。

その日降った雪のため、取り巻きの侍たちは合羽を羽織り、刀の柄には防水のため布製の袋をつけたことが災いし、臨戦態勢が遅れたことも致命的となった。刺客たちは、駕籠から井伊を引きずり出し、首を斬り落とした。大老、井伊直弼、桜田門外に凄絶に散る。享年46であった。

刺客は、関鉄之助（せきてつのすけ）、森五六郎ら17名の旧水戸藩士たち。これに、彼らと暗殺を画策した薩摩藩の有村次左衛門（じざえもん）が加わり、計18名で大老、井伊直弼暗殺の凶行に及んだのだった。

「大老」という職位は、臨時の役職であったが、将軍に代わって政務をとりしきる最高権力者と呼ぶべき地位であった。井伊は、その職位に就くや、ペリー来航によりアメリカから要求されていた「日米修好通商条約」を天皇の許可を得ずに締結した。

これに激怒した孝明天皇は、水戸藩の徳川斉昭（なりあき）に条約の無効を伝える密勅を下すが、井伊はこれを水戸藩による幕府転覆の陰謀と判断し「安政の大獄」という弾圧によって、水戸藩ら反対派の一掃を図った。事件は、それに不満をもつ残党によって引き起こされた形となったのである。

将軍継嗣と日米修好通商条約

桜田門外で起こった井伊直弼暗殺の背景には、激動の幕末を象徴するような複雑な政治状況が見え隠れするが、それにしても井伊直弼は、水戸藩を脱藩した浪士たちになぜ命を狙われなければならなかったのか。

それにはまず、黒船来航を契機に沸き起こった、外敵排除の「攘夷派」と、鎖国、非交易を解いて開国する「開国派」の二つの動きに目を向ける必要がある。

開国派の重鎮、井伊直弼は、徳川幕府の譜代大名の筆頭ともいうべき存在で代々彦根藩主をつとめる家柄に生まれ育った。彦根藩主井伊直中（なおなか）の14男であったことから、もともと家督を継ぐことはないと目されていたが、兄・直亮の世子が死亡したため急きょ家督を引き継いだ。嘉永三年（1850）、36歳のときである。

そして8年後の安政五年には幸運にも直接、将軍に意見を具申できる溜り間詰めから大老職に就任する機会に恵まれる。

大老に就いた井伊直弼の前には、二つの難問が立ちはだかっていた。一つは、将軍の継嗣問題、もう一つは「日米修好通商条約」であった。井伊は、この二つを一挙に解決し、幕政への批判をそらそうと考えていた。しかし二つの問題は微妙に絡み合い、皮肉にもそのいずれにも水戸藩が関与していたのである。

徳川第14代にあたる将軍継嗣については、井伊の大老就任を後押しした南紀派が推す、紀州・徳川慶福（のちの将軍徳川家茂）と、開国反対（攘夷派）を唱える一橋慶喜（のちの将軍徳川慶喜）を推す一橋派があり、この二派対立の図式が、井伊暗殺の伏線になったといえよう。一橋一派が推す慶喜の父が、ほかならぬ水戸藩主・徳川斉昭であり、大老・井伊直弼とは対立する関係にあった。

「安政の大獄」で、一橋一派を徹底弾圧

そして、ここに幕末の不平等条約といわれた「日米修好通商条約」を、井伊直弼が天皇の勅許を得ずに調印したことが、攘夷派の激しい反発を招く結果になっていく。

井伊が目論んだのは、水戸藩や一橋派の息の根を止めることで黒船来航以来の国政の混乱を鎮め、幕府の威信回復と傾きかけた幕政の屋台骨を立て直すことにあった。その戦略が、不幸にものちに桜田門外の変を誘発する結果になるのだが、当時の状況からすれば、幕政回復の起死回生策が待たれていたのも事実であったろう。

しかし勅許がないままに条約に調印したことが孝明天皇の怒りを買い、天皇は水戸藩と幕府に対し、今後は幕府と御三家や諸大名が一致協力してことにあたるように密勅を下す。これを知った井伊は、水戸藩による幕府転覆の陰謀と決め付け、密勅降下関係者や政敵である一橋派の徹底弾圧に乗り出した。これが世にいう「安政の大獄」である。

水戸藩主徳川斉昭、一橋慶喜、松平春嶽、山内容堂といった幕政改革派、橋本左内、吉田松陰、頼三樹三郎など攘夷派の学者や志士たちを一斉に処分したこの事件は、薩摩、長州を中心とした攘夷運動により拍車がかかり、倒幕運動に変わるきっかけになっていく。

諸藩の攘夷派にとって、御三家の一つである水戸藩主徳川斉昭は、運動に欠かせない象徴的な人物であった。とくに水戸藩の尊攘派に危機感が強く、藩では下級武士層を中心とする激派数百名が、天皇の密勅を返納せよと迫る幕府の裁定に納得せず、実力に訴えてでも阻止しようとにらみ合いを続けた。

藩主の暗殺に彦根藩が立ち上がる

そして安政七年、幕府の水戸藩に対する密勅返納の催促はさらに激しさを増し、これ以上遅れれば、違勅の罪は藩主の徳川斉昭に及び、水戸藩は滅亡の道をたどることになると迫った。これを受けて水戸藩では、長岡宿（茨城県）の激派を鎮圧する動きに出るが、幹部であった高橋多一郎、関鉄之助をはじめ数人が脱藩、浪士となってかねて親交のあった薩摩の同志たちと決起に向けて動く。

その意味するところは、井伊大老を殺害し、横浜の外国人商館を焼き、薩摩藩兵3000の上京を待って、東西呼応して一挙に幕府改造を断行しようとするものであった。しかしこの目論見は、薩摩

藩主・島津忠義（ただよし）の告諭により多くの藩兵が計画から脱落したことでもろくも崩れるのであった。追い詰められた脱藩浪士たちは、ついに江戸城桜田門外における井伊大老襲撃を決め、三月三日早朝に決行するのである。

かくして、幕政の変革をねらった脱藩浪士たちは、井伊直弼殺害によって一応の思いを果たした結果となった。

しかし事件は、これで終わらなかったのである。

被害者となった彦根藩では、藩主である井伊が跡目相続を決めぬうちに死んだことが明るみに出ると「お家断絶」を余儀なくされる。

そこで表向きは、井伊は負傷により登城できない、よって側室との間に生まれ

『安政五戊午年三月三日於テ桜田御門外ニ水府脱士之輩会盟シテ雪中ニ大老彦根侯ヲ襲撃之図』国立国会図書館所蔵

た愛麿（直憲）を跡継ぎにしたいと幕府に届け出て、認められる。事件から実に56日、四月九日、井伊の遺骸を豪徳寺に埋葬するや、ようやく家臣たちは主君の思いをはたすべく立ち上がるのだ。

徳川斉昭、彦根藩士に殺害される!?

暗殺の黒幕は、徳川斉昭を置いてほかにない――主君を失った彦根藩では家臣たちがそうにらんでいた。かくなる上は、自分たちの手で斉昭を成敗し、主君の恨みを晴らす。暗殺には暗殺をもって返すのが、藩士たる自分たちの務めである、というわけだ。

とりわけその思いが断ち難かった家臣の一人が、小西貞義（さだよし）であったとされている。井伊の暗殺を知ったとき、小西の怒りは尋常ではなかったという。ただちに脱藩して、水戸領内に潜入、斉昭の屋敷に出入りする植木職人になりすまして、ひたすら暗殺の機会を待った。

そして決行を八月十五日と定めた。斉昭が中秋の名月を愛でるのを楽しみにしていることを知った小西は、住まいの床下に四日三晩潜伏。ようやく月見の宴会が終わり、寝床に入る前に厠に立った斉昭が手洗い鉢に手を入れたところを、小西が突然、躍り出て一太刀、脇腹に浴びせたのだ。

斉昭は、苦悶の表情を浮かべながらその場に崩れ落ちると、再び目を開くことはなかった、という。

この話は、水戸藩士床井親徳の日記に記されているらしいが、実際のところ真偽のほどは定かではない。とはいえ、斉昭はこの日、急死していることは間違いない。享年61。直接の死因は「心筋梗塞」だというが、背後には「水戸藩vs彦根藩」の構図が浮かび上がることから、斉昭暗殺説もまんざら否定できない。

『黒船来航絵巻・北亜墨利加人下田了仙寺上陸行進の図』より
「ペリーを始めとする乗組員の図」。了仙寺所蔵

本州最北端でけむしと蔑まれながら生活した元会津藩士

賊軍となった会津藩の末路！斗南での過酷な生活とは？

幕末、官軍に徹底抗戦したことで知られる会津藩。敗北後、藩士とその家族は、本州最北端・下北半島への国替えを命じられる。これは「遠島」に等しい残酷な決定だった。藩士たちは刀を鍬に持ち替え、寒冷不毛の大地に立ち向かった。

薩長の憎悪にさらされた会津藩。戦死者を見せしめとして放置

勝てば官軍、負ければ賊軍。歴史の中で負け組への裁きは常に悲惨極まる。近世でひときわ目を引くのは戊辰（ぼしん）戦争の戦後処理であろう。多くの武士が朝敵の汚名を浴びて断罪され、薩長新政府に耐え難い屈辱を嘗めさせられた。なかでも会津の人々ほど過酷な運命を背負わされた者はいない。その遺恨は140年経った今でも尾を引いている。

明治元年（1868）九月二十二日、約1ヵ月に及んだ会津戦争が終結した。会津若松城（福島県会津若松市）は落城し、藩主松平容保（かたもり）は降伏。有名な白虎隊や娘子軍

（女による長刀軍）の悲劇で知られるように、会津戦争は老若男女すべてを巻き込んだ悲惨な戦いであった。

会津の戦死者は実に2407人（『会津藩戦死受難者人名録』）に上った。戊辰戦争全体でもこれほどの戦死者を出した藩はない。会津は幕府軍の中心的存在だったのだ。

しかし、戦いが終わってもなお、薩長閥を中心とする官軍の会津人に対する仕打ちは尋常なものではなかった。城下や領内各所で略奪が起こったほか、多くの婦女子が虐殺、強姦の憂き目に遭ったとされる。

また、城内外は死屍累々（ししるいるい）の有様だったが、官軍は戦死者の埋葬を許さなかった。賊徒として見せしめるためである。遺体は禽獣に食い散らかされ、蛆に食われるまま腐乱したという。このやり方には官軍内部でも批判が続出するほどだった。

お家は存続、会津は没収。新天地「斗南」へ旅立つ

薩長、土佐にとって会津は憎んでもあまりある仇敵だった。幕末の京で会津は京都所司代として新選組や見廻組を従え、池田屋事件や坂本龍馬暗殺事件など、多くの志士の暗殺に荷担していたためである。とりわけ禁門の変で煮え湯を飲まされていた長州の木戸孝允（たかよし）らの恨みは深かった。また、長州軍は会津戦争に遅参していたという事情もあり、弔い合戦も果たせぬまま戦争が終結したことは痛恨だった。

降伏した会津藩士約4600人はすでに俎上の魚である。彼らは猪苗代、塩川、浜崎の村々（いずれも福島県）に収容され、裁きの時を待った。女、老人、子供は釈放されたが、城下は焼け野原となっており住む家にもことかく有様だった。

当初、戦後処理の主導権を握った木戸は会津藩士と家族を蝦夷地に送り込むことを主張したが、この計画は頓挫する。蝦夷地は薩摩主導で大規模な開発がされる方針と

なったためである。会津の降伏人どもをどうするか……薩長は謀略を巡らせる。

明治二年（1869）十一月、意外な決定が下された。藩主容保は蟄居し、会津23万石は取り上げとなるが、思いがけず嫡男の松平容大（かたはる）に家名存続が許された。松平家には新たに下北半島、陸奥南部藩3万石の領地が与えられた。

新しい領地は「斗南（となみ）藩」と名づけられる。斗南の名は「北斗以南皆帝州」という漢詩が由来で、最果ての地であろうとも天皇の領地である、という意味である。

石高は大幅に減ったものの、斗南は広大だった。開発を進めることができれば希望が持てるかも知れない――藩士たちは新天地に淡い夢を抱いた。翌年六月、謹慎を解かれた藩士とその家族1万7000人は故郷会津に別れを告げ、海路陸路を経て斗南へと移住する。うち7500人が新潟からヤンシー号という名のアメリカ商船で斗南に向かった。

期待に胸を膨らませる会津藩士たち。しかし、この決定は「挙藩流罪」という残酷な処置であった。最果ての地・斗南で藩士らはすべてを失うことになる。お家存続も3万石もみな空手形だったのだ。

かつてない極刑を受けた会津人、武士の誇りを捨て懸命に生き抜く

明治三年（1870）六月、斗南に到着した会津藩士たちは、眼前に繰り広げられ

る寒々とした風景に愕然となる。恐山の裾野は荒れ果て、人の気配もない。聞こえるのは狐の声、風の音ばかり。藩から支給されたのはわずかな玄米、畳も障子も風呂もない草葺きの掘立て小屋だった。

やがて人々は、斗南が3万石はおろか、開墾の希望さえない不毛の地であることを知る。「何たることぞ。はばからず申せば、この様はお家復興にあらず、恩典にもあらず、まこと流罪にほかならず。挙藩流罪という史上かつてなき極刑にあらざるか」(『ある明治人の記録　会津人柴五郎の遺書』)。

斗南藩は下北半島である北郡、八戸に近い二戸・三戸郡から成り、藩士たちは北郡35村、二戸郡9村、三戸郡26村にそれぞれ分散収容された。現在の三沢市周辺、また八戸市周辺が外されているのがミソで、平地の多い肥沃な土地は斗南には与えられなかったのだ。

下北の中央に位置する恐山は火山帯で、周辺は火山灰に覆われた不毛の地。青森県内でも気候条件の厳しい地域であり、冬寒く、春から夏も凶作を呼ぶ風「やませ」が吹き荒れる土地である。

斗南藩庁は現在のむつ市田名部の円通寺に置かれた。名目3万石ながら実質は5000石程度だった藩の財政は、最初から火の車である。とても1万7000人の人間を食わせるゆとりはない。

家老の山川浩は民に「刀を捨て、地域の人々と協調し、農工商いずれかからの職を得て自主独立するように」と説いた。斗南では武士の誇りなど無用。すべての藩士がその日その日食べるための努力をしていかねばならなかったのだ。

飢えと寒さで死者が続出。廃藩置県でとどめをさされる

慣れぬ畑仕事を始める者、鍋釜を作る者、山菜を採りに野に向かう者……悲惨な生活が始まった。彼らの主食は玄米、大豆、ジャガイモを薄く粥にした「オシメ」と呼ばれるものだった。犬の屍肉まで食べたといわれるほど過酷な生活で、当然、栄養失調に陥る者が続出、子供や老人が次々に死んだ。

斗南藩データ

◎藩主／松平容大（容保の長男）
◎石高／３万 4747 石
　実質は 5000 石で
　旧会津藩の 40 分の１！
◎村の数／
　二戸郡 9、三戸郡 26、北郡 35
※他に北海道西部４郡も支配地となったが入植者はほとんどおらず。

また、冬には雪、そして零下20度という寒さが粗末な住まいを襲い、凍死する者も後を絶たなかった。翌年、斗南藩では2300人もの人間が寝たきりになったという。山川らは奔走して近隣諸藩から援助を受けたが、絶望的な状況に変わりはなかった。斗南藩構想自体が最初から成り立つはずもない無謀な計画だったのである。

会津の人々は生きるためなら木の根でもなんでも食べた。時にはプライドを捨て、地元の農家、商人たちに野菜や米、おからを恵んでもらった。

いつしか下北の人々は斗南の藩士を指し「会津のゲダカ」、「会津のハドザムライ」と呼ぶようになる。ゲダカとは毛虫、ハドは鳩を意味する方言だ。毛虫のようになんでも食べ、鳩のように豆ばかり食べている、と嘲笑したのである。

いくら開墾してもしょせんはにわか農民。やせた土地で収穫を上げられるはずもなかった。それでも会津の人々は我慢強く暮らした。「いつか薩長を見返す」というかすかに残った武士としてのプライド、そして藩主松平容大の存在が彼らを支えていたのである。

破局が訪れたのは斗南藩設立から1年後の明治四年（1871）七月である。薩長藩閥の明治政府は中央集権的な統一国家をめざすべく、廃藩置県を断行したのだ。斗南藩は斗南県となり、藩主の松平容大は東京に移され一華族となった。斗南藩が消滅し、藩主も失った。ここに会津武士の頼るよすがは砕け散ったのである。

多くの人が斗南を去り、斗南藩は散り散りとなった。多数の犠牲者を出した「挙藩流罪」は近世指折りの酷い戦後処理だったのである。

１９８６年、戊辰戦争１２０周年を機に、長州藩の本拠だった萩市は会津若松市に友好都市としての提携を申し入れた。だが会津若松市はこれを拒絶。萩側が「もう１２０年経ったので」と歩み寄ったのに対し、「まだ１２０年しか経っていない」と言ったことはよく知られている。

会津の飯森山で白虎隊士が自刃した場所に築かれた供養碑と鶴ヶ城（会津若松城）の再建された天守。

新選組の斎藤一も斗南で結婚したが、4年で我慢の限界か、東京に旅立つ

斗南藩には新選組三番隊組頭として恐れられた斎藤一も移住していた。

斎藤は副長の土方歳三とともに会津戦争を戦った。土方は北方への転戦を主張したが、松平家への恩義を感じていた斎藤は会津と運命をともにすることを主張し、２人は決裂した。

敗戦後、斎藤は塩川で謹慎生活を送った後、斗南へ向かった。この頃斎藤は名を「藤田五郎」と変名している。

斎藤は三戸の五戸町で居住。４歳年上の「やそ」という名の妻と暮らしている。やそは白虎隊で自刃した篠田儀三郎の遠縁にあたるとされている。

斎藤は廃藩置県後も斗南で辛抱強く残っていたが、明治七年七月にやそを残して東京へ旅立った。やそも2年後に転居している。

斎藤は東京に出て会津藩士の娘・高木時尾と再婚し、警官となって出世を遂げ、西南戦争にも出撃。3人の子供をもうけ、退職後は穏やかな晩年を過ごした。やその消息はわからない。

新選組「内ゲバ」の原点

新選組局長・芹沢鴨の暗殺

幕末を震撼させた新選組。彼ら壬生の狼たちの歴史は、血塗られた内紛劇の歴史でもある。「誠」の旗印の下、上は局長クラスから下は平隊士まで、名のある隊士が次々に抹殺されていった。設立当初は筆頭局長の座に就いていた水戸藩出身の大物・芹沢鴨は、そんな内ゲバ史の犠牲者第一号である。なぜ筆頭局長は粛清されねばならなかったのか。

刃傷沙汰を次々と起こした新選組・局長芹沢鴨の前身とは？

新選組の中で初期の〝悪役〟として知られるのが局長・芹沢鴨である。性質は粗暴にして酒乱の気あり。トレードマークである「尽忠報国の士芹沢鴨」と刻まれた300匁（約1・1キロ）の鉄扇を片手に、京の街を引っかき回した男だ。

芹沢は常州水戸藩の浪士だった。幕末の頃、水戸という土地は尊皇攘夷運動のメッカであり、家老の武田耕雲斎率いる改革グループ「天狗党」が勢力を強めていた。芹沢はこの天狗党の大幹部だったのだ。だが、粗暴な芹沢は、刃傷沙汰を次々に起こし、鹿島神宮（茨城県鹿嶋市）の神聖な大太鼓を破り倒すなど狼藉の絶えない男だった。

捕縛された芹沢は死罪を言い渡されるが、やがて「幕府募集の浪士隊に応募すれば恩赦が受けられる」ことを聞きつけ、天狗党の同志だった新見錦、野口健司らとともに浪士隊へ参加。芹沢は集合地の伝通院で、近藤勇ら多摩・試衛館の面々と運命的な出会いをする。

文久三年（1863）二月、将軍家茂の警護役として上洛した浪士隊に異変が起こる。突如リーダーの清河八郎が組織を我がものとし、浪士隊を尊皇攘夷の実行部隊へ転換させようと画策したのだ。芹沢、近藤は手を組んで清河に反対し、24人の浪士と

壬生浪士組（新選組）組織図

文久三年（1863）

局長

近藤勇（30）	芹沢鴨（32?）
試衛館 4代目天然理心流宗家。	水戸藩浪士。 元天狗党幹部。 ※は芹沢派

副長

土方歳三（29）	山南敬助（31）	※新見錦（28）
近藤の右腕。 農家の末っ子。	仙台藩浪士。 試衛館派きってのインテリ。	水戸藩浪士。 当初局長だったが六月より副長に降格。

副長助勤

沖田総司（22）	父は白河藩士。試衛館師範代。
永倉新八（25）	松前藩浪士。神道無念流免許皆伝。
藤堂平助（20）	伊勢国津の落胤(?)。北辰一刀流目録。
原田左之助（24）	伊予松山藩の元奉公人。槍の達人。
斎藤一（20）	父は旗本で元明石藩士。江戸で事件を起こし京へ。
※平山五郎（35）	水戸藩浪士。新見降格後局長か副長に昇格か。
※野口健司（21）	水戸藩浪士。剣術で永倉と同門。
井上源三郎（35）	天然理心流免許皆伝。日野郷士の子。
※平間重助（40）	芹沢家家臣。副長助勤勘定方。

ともに京へ残った。

四月、在留組は京都守護職・会津藩主の松平容保（かたもり）への嘆願に成功し、会津藩預かりという形で「壬生（みぶ）浪士組」（新選組の前身）が誕生する。

泥酔、性交と油断しきった芹沢、女とともに滅多切りに

芹沢・近藤ツートップ体制は仕上がったが、両者には思想的な違いがあった。芹沢は勤王、近藤は佐幕志向であり、京都残留は両者とも孝明天皇、松平容保らが主導していた公武合体路線に乗ったものである。

六月に浪士隊の人事は芹沢派5人、近藤派9人で整った。芹沢派は人数こそ少ないが平間が勘定方に就いていることから、資金面はガッチリ芹沢が押さえていたことになる。天狗党の大物と田舎剣客の近藤とでは自ずと格が違ったのである。

首魁となった芹沢は、トラブルメーカーとしての本性を露わにしていく。軍資金の調達と称して京、大坂の豪商から金を巻き上げ、拒否されれば大砲を撃ち込んで焼き討ちにした。些細なことから大坂力士と乱闘事件を引き起こし、多数の死傷者を出した。この事件を吟味した大坂町奉行与力の内山彦次郎が暗殺されるが、これも芹沢主犯説が囁かれる。

浪士隊の評判は日に日に悪化し「このままでは存続は危うい」と業を煮やした近藤

は芹沢の粛清を決意するが、西本願寺侍臣だった西村兼文（かねふみ）の『新撰組始末記』などによれば、粛清は会津の密命とも。

九月十三日、まず芹沢派の重鎮で一時は局長職にあった新見錦が切腹させられる。新見は芹沢と同様に乱暴な金策をしていたことが近藤らに咎められたのだ。

続く十六日のこと。芹沢は平山、平間とともに島原で酒宴を開いていた。新見切腹の3日後に乱痴気騒ぎをしていたのは解せないが、新見の死はダメージでなかったのか、それとも迫る恐怖を酒に紛らわせていたのか。

芹沢は宿舎である八木邸へ戻り、愛人の梅と寝た。平山、平間もそれぞれ遊女を呼ぶ。芹沢と平山は屏風を隔てて同じ部屋、平間は別室で寝た。酔っぱらってあけっ広げにセックスを楽しんだのであろう。

芹沢らが寝静まった夜半、近藤派の襲撃隊が芹沢らを襲った。襲撃隊は4人で、土方、沖田、山南、原田という腕利き揃いである。永倉は芹沢派とつながりがあったため、刺客から外されたと見られる。

芹沢は土方、沖田に襲われ、逃げようとしたところを膾切りにされた。お梅も一緒に殺された。凶行は短時間で終わり、悲鳴に驚いて駆けつけた八木家の人々は、血まみれの芹沢の遺体、腰巻一枚で裸のまま死んだお梅、そして首と胴が離れた平山の遺体を見届ける。

平間は逃亡し、難を逃れた。八木家の人々は刺客4名を目撃していたが口外はしなかった。その後、近藤や土方がなにも知らないという様子で現れ、検分をしたのはさぞ珍妙な光景であったろう。

事件後、会津藩は芹沢の死を「病死」として処理。2日後に芹沢を送る盛大な隊葬が催された。近藤は泣きながら弔辞を読み上げたという。

その後も芹沢派残党の粛清・追放は進み、十二月には副長助勤の野口健司が切腹させられた。近藤体制は固まったが、その後も新選組の内ゲバは続き、山南ら多くの隊士が命を落とすことになる。リーダー芹沢の粛清はその始まりにすぎなかった。

明治維新の立役者、広沢真臣暗殺の謎

明治維新の立役者の中で、幕府の長州征討軍との講和会議に列席し、のちに明治の要人に迎えられたのが長州藩出身の広沢真臣だ。その広沢が39歳の若さで暗殺された。犯行をめぐって天皇の詔勅まで出されたが、事件は迷宮入りとなった。

愛人と同衾中のところを斬殺される

幕末から明治にかけての動乱期は、まさに激動の時代を象徴するように数多くの暗殺事件が起きている。大老・井伊直弼（なおすけ）、未遂ではあったが安藤信正といった幕府の大物はじめ、坂本龍馬、佐久間象山（しょうざん）といった改革派、明治になってからも横井小楠（しょうなん）、大村益次郎など雄藩出身者が次々と暗殺に倒れている。生きていれば、その後の政治情勢や歴史はどう塗り変わっていたであろうか。

そんな中で、長州出身で当時参議を務めていた広沢真臣（さねおみ）の暗殺事件は、同じ暗殺でもいささか事情が異なるように見えなくもない。参議という役職にあることから、なんらかの政治的な意図は見え隠れするが、最終的に捜査線上に浮かんだのは、広沢の愛人と広沢が可愛がっていた部下だったことから、私情もしくは怨恨による犯行かという見方が強かった。まずは、その事件の経過から振り返ってみよう。

広沢真臣が暗殺されたのは、明治四年（１８７１）一月九日未明。麹町の自宅で、愛人と同衾中のところを斬殺されたことになっている。愛妾の福井かねはかすり傷程度ですんだが、広沢は咽喉部を3箇所えぐられ、全身15箇所をメッタ斬りされるという凄惨な状況だった。

当時、明治政府はこの事件に激しく動揺したとされている。というのも、明治二年一月、先に参与の横井小楠が京都で暗殺され、同年十月には同じく政府の兵部大輔を務めていた大村益次郎がテロに襲撃された傷がもとで大坂で没したことから、明治天皇から早急に犯人逮捕に動き、解決するよう「詔勅」が出されたからである。

国を挙げての大捜査の末、迷宮入り

事態を重く見た政府は、警察機関に働きかけ徹底的な捜査を依頼する。警察は、横井や大村の暗殺事件と同様、まず反政府勢力によるテロとの見方を示し、反政府の意思表明をしていた九州の久留米、柳川、熊本の旧藩士たちを徹底的に調べ、追及した。が、疑わしい面はあっても、犯行に直接結びつくような証拠や、犯人とおぼしき人物はなかなかつかめない。容疑をかけられた者だけで80人にものぼったが、決定的な確証は得られなかった。

そんな中、容疑者として捜査線上に浮かんだのが、広沢とともに襲われた愛人、福井かねだった。

かねは、襲撃直後に逃げ出しており、供述にも曖昧な点が見受けられた。警察は最終的に彼女を逮捕し、激しい拷問によって徹底的に調べ上げた。その結果、広沢家の家令で、真臣が信頼を置いていた起田正一と密通していたことを自白する。

警察は、起田も逮捕し、同じように厳しく取り調べた。２人が密通し、広沢の金を使い込み、その発覚を恐れての犯行ではないのか。２人は嫌疑をかけられたまま、実に5年間も拘束され、取り調べられるのだ。

しかし広沢殺しに関する供述は最後まで得られなかった。天皇の詔勅まで出された事件だったことから、司法省と警察は「陪審員」制度まで採り入れて審議したが、２人に下された最終的な判断は「無罪」。

かねと起田は、証拠不十分のまま釈放され、かくして広沢真臣事件は、国を挙げての大捜

広沢真臣。写真提供／国立国会図書館

査にもかかわらず、〝迷宮入り〟となったのである。

歴史の表舞台に登場しない政治家

事件当時、広沢真臣の役職は「参議」で、現在なら大臣クラスである。大臣が暗殺された事件が、迷宮入りするのはきわめて珍しい。しかも天皇の詔勅まで出され、警察が総力を結集して大捜査を行った結果、逮捕した容疑者が「無罪」だったのだ。政府や警察当局の面目は丸つぶれである。

犯罪捜査の方法やレベルが今とは違うので単純比較はできないが、よほど入念に計算された犯行か、内部事情に精通した人間が介在でもしないと、これだけの捜査網を潜り抜けるのは難しかったであろう。うがった見方をすれば、警察ににらみが利く政府要人が、圧力をかけて事件を〝もみ消し〟たのではないか。そんな大胆な仮説さえ成り立つほど、犯人の手がかりが少ない事件といっていい。

それにしても広沢真臣という人物が、この事件に至るまで歴史の表舞台に登場するケースはきわめて少ない。にもかかわらず、明治新政府が樹立された際、長州出身の大物政治家・木戸孝允（たかよし）より先に「参与」に任じられている。

明治二年には、民部大輔から参議になり、永世禄1800石を賜っている。殺害される直前の明治三年十一月三十日には、東京府御用掛を命じられ、不穏な東京の治安維持を任されていた。

長州の高級官僚で、外交手腕を発揮

同じ長州の木戸や伊藤（博文）らほど目覚しい活躍をしていない広沢が、そもそもなぜ大臣クラスの要人に抜擢されたのだろうか。

広沢真臣は、天保四年（1833）、長州萩城下、伯村安利の四男に生れるが、11歳のときに波多野家の養子となり、波多野金吾と名乗った。幕末には、長州藩の高級官僚として活躍、とくに外交手腕に長けていたとされる。

広沢の本領が発揮されたのは、慶応二年（1866）、幕府の第2次長州討伐で、幕府側の使節・勝海舟と談判、長州側有利の休戦条約を締結したことだ。翌慶応三年には、討幕の密勅を受け、長州藩に持ち帰っている。このときの活躍が、論功行賞として認められ、維新政府の要人抜擢につながったのかもしれない。

そんな広沢が、なぜ命を狙われることになったのか。

広沢の愛人と密通していた使用人が、5年にも及ぶ厳しい取調べの上「無罪放免」となっていることから、犯人は別にいると考えるのが妥当だろう。では一体誰が、どんな目的で、殺害したのか。

広沢暗殺は、後年、政敵だったとされる木戸孝允が黒幕という説、広沢が見捨てたとされる雲井龍雄（たつお）一派の残党が刺客だという説が有力視されている。が、いずれも推測の域を出ず、事件は今も謎に包まれている。

木戸孝允黒幕説は、広沢と同じく参議を務めていた土佐出身の佐々木高行の日記に書かれていたことが少なからず根拠になっている。

意味するところは、維新後の長州閥の主導権をめぐって2人の間で確執があったという。自分より早く広沢が参与に抜擢されたことが、木戸には面白くなかったという

伊藤博文。写真提供／国立国会図書館

わけだ。

しかし政治的な力、対外的な存在感など、どれをとっても客観的には木戸に一日の長があり、いずれ政権の中枢に躍り出ることは衆目の一致するところであった。そう考えれば、木戸黒幕説はいまいち説得力に欠ける。

では、後者の雲井龍雄一派の残党に暗殺されたという説はどうだろうか。関係を掘り下げていくと、まんざら可能性がなくもないのだ。

反政府勢力らしき団体に資金を提供

「雲井龍雄」とは、もと米沢藩の下級武士で、明治になって旧幕府ゆかりの浮浪の士を救済した人物とされている。幼い頃から秀才で、22歳のとき江戸の安井息軒（そっけん）の「三計塾」に入門し、とくに詩には天才的な才能を発揮し、多くの作品を残している。戊辰戦争の際、会津藩を救済しようと奥羽越列藩（おううえつれっぱん）同盟の正当性を主張、奥羽諸藩の団結強化にひと役買った。

明治二年、勤めていた藩校を辞め、東京に出た雲井は、自らの建言を国政に反映させようと集議院の寄宿生となるが、政府に疎まれ、奥羽大同盟の首謀者とみなされて追放の憂き目にあっている。その頃から雲井のもとに、生活に困窮したかつての部下や知人が訪れるようになり、明治三年には「帰順部曲点検所」という看板を掲げ、浮浪の志士を迎え入れている。

表向きは、政府に不満を抱く危険分子を説得し、帰順させるための施設であったが、真の狙いは反政府勢力の組織化とされる。一貫して尊王佐幕の立場をとり、薩長を排除し、天皇と旧幕府を結びつけて徳川政権再興を企んでいたようだ。

部曲点検所に集まったのは約50名にすぎなかったが、関東各地には8000名の同志がいたとされ、雲井は彼らを天兵（朝廷の常備兵）として採用するよう、政府に働きかけた。政府内で、その雲井の働きかけに乗って支援したのが、参議の広沢真臣と佐々木高行であったという。なかでも広沢は、雲井に説得され、50両もの資金提供を行っているのだ。

しかし薩長主体の政府部内では、そもそも雲井の提案には懐疑的で、もともと反政府主義者の雲井が、政府に天兵の採用を持ちかけるという思想の「転向」を怪しみ、密偵を送り込んで調べたのである。

雲井一派の残党に暗殺された!?

そして政府は、雲井を一旦、米沢藩に帰して謹慎させ、帰順部曲の浪士たちを召喚して取調べたところ、案の定というべきか、政府転覆計画があることを突き止めるのだ。関東各地で一斉に挙兵し、東京に進撃して政府高官らを襲撃するというのが計画であった。

これが明るみに出るや、雲井ら関係者はただちに収監され、一党58名に斬刑、流刑、杖刑が言い渡された。とくに雲井龍雄は、陰謀の首謀者として明治三年（１８７０）十二月二十六日、小伝馬町で斬首に処せられている。しかし雲井は法廷で真相を一切語らなかったため、謀略の全貌は今日に至るまで明らかになっていない。

さて、そんな雲井らを支援した広沢真臣が暗殺されたのは、翌明治四年一月九日未明。雲井の処刑から２週間後のことである。政府転覆計画は、雲井龍雄ら関係者の処分で頓挫したが、数多くの同志たちはおそらく関東一円に散らばっていたであろう。行き場を失った彼らの怒りや悲しみは想像に難くない。

ここからは推測だが、一派の残党たちが、そのやり場のない怒りや不満の捌け口を「広沢暗殺」に向けたとは考えられないだろうか。広沢は、自分たちの組織を支援してくれたはずではなかったのか。政府要人でありながら、なぜ雲井たちを救ってくれなかったのか。雲井たち同志は、もしかしたら広沢に裏切られたのかもしれない……。

支援した広沢からすれば、とんだ誤解であり、言いがかりであり、とばっちりではあるが、凄惨な殺され方には、殺害した人間の怒り、恨み、憎悪といったものが垣間見える。犯人がわからず、真相が今も謎に包まれた事件ゆえに、そんな仮説も成り立つ話ではある。

明治の「格差社会」が生んだ悲劇

秩父事件の真相

秩父事件は、日本最後の世直し一揆だった！　明治十七年（1884）、「松方デフレ」と称されるデフレ、そして世界的な不況を背景に、庶民は困窮に喘いでいた。農民たちが高利貸しの暴利に苦しむ半面、維新に貢献した〝勝ち組〟士族らは特権階級として我が物顔に振る舞う――「畏れながら、天朝様に敵対するから加勢しろ」――理不尽な世を正すべく、秩父困民党の戦いが始まった。

緊縮財政により農産物の価格が暴落！　窮乏極めた農村の人々

「多数の人民埼玉県秩父郡冨（風）布村の山中に集合し　各武器を携へ中には銃砲を携ふるもありて　暴挙に及はんとする有様なり」（明治十七年十一月二日付『東京横浜毎日新聞』）。

維新回天から17年、西南戦争から7年、日本は着実に近代化への歩みを進めていた。明治十五年（1882）には新橋・日本橋間に日本初の馬車鉄道が開業し、明治十六年には鹿鳴館も落成。豊かな文明開化の世がやって来たかに見えたが――農民たちの暮らしはどん底だった。

当時の大蔵卿・松方正義は、西南戦争の軍費増大によるインフレを打開するため、緊縮財政を実施。予算の縮小、不換紙幣の回収などを強行した。「松方デフレ」と呼ばれるこの政策により、インフレは収束したが物価は急落。折からの世界不況も重なって、農産物価格は大暴落する。

農村部は、地方税の引き上げや学校の開設費負担なども強いられ、極端な窮乏に陥った。松方デフレは壮絶な「痛みを伴う改革」だったのだ。

国会も憲法もなく、藩閥専制政治で一握りの華族たちが我が世の春を謳歌していた時代である。農民たちの不満は日増しに高まり、当時盛んだった自由民権運動とつながっていく。

自由党と農民たちは群馬、加波山（茨城県）など関東各地で武装蜂起したが、その都度鎮圧された。しかし、自由民権の怒りの炎は消えず、秩父の地で大爆発を引き起こすことになる。

切実な4項目の要求。田代総理以下3000人が決起

秩父地方の農民の困窮ぶりは目を覆うものだった。秩父の主要産業は養蚕だったため、生糸価格暴落の直撃を受けたのである。

生糸は好況期の半値にまで落ち込んでいた。高利貸しは農民たちに年利160％以

上という無茶苦茶な金利で貸付を行い、破産、自殺する者も続出。農民たちと秩父自由党員たちは再三にわたって高利貸しや役所などに減免を求めたが、すべて不調に終わった。

中心となって動いていたのは秩父出身の井上伝蔵、高岸善吉らだった。井上らはグループを強化拡充すべく、石間村の親分的存在だった加藤織平、続いて大宮郷の実力者だった田代栄助を誘い「秩父困民党」を結成する。田代は年長であり、弁護士も務める有能な男だったので、井上らに乞われ困民党の指導者となった。

圧政に苦しむ農民たちは秩父の山林で集会を開いた。

椋神社には武装した3000人の困民党員が集結。境内は広くはないが、周辺は平野となっている。

困民党と警察隊の衝突があった清泉寺（秩父市）。

明治十七年（1884）八月、困民党は高利貸し、政府へ向け4項目の要求書を起草する（別掲）。生きるか死ぬか、まさに切実な要求である。田代を中心に再び請願運動を行ったが、役所はやはりにべもなくこれを取り上げなかった。

万策尽きた。もはや蜂起の他に道はない――井上ら若き急進派は田代に決意を迫った。田代は温厚、慎重な人物だったがついに「諸君らが一命を捨て万民を救う精神ならば、速やかに尽力せん」と言明。井上らは喜び勇んで決起の準備を進める。組織作りは急ピッチで進み、田代は困民党総理となった。

「畏れながら、天朝様に敵対するから加勢しろ」「圧政を変じて良政に改め、自由の世界として人民を安楽ならしむべし」

崇高な使命感のもと、井上らは秩父農民らと連携し、結束を固める。また、信州から知恵者として知られた自由党員の菊池貫平も参加し、困民党組織は膨張していった。田代ら幹部は一斉蜂起の日取りを十一月一日と決定する。だが風布村が一日早く蜂起し、秩父事件の戦端は十月三十一日に開かれることとなる。

風布勢は金崎村の高利貸し・永保社を襲撃して焼き討ちにし、夜には下吉田・清泉寺前で警官隊と激突、これ

困民党の要求４項目

一、高利貸のため身代を傾け生計に困るもの多し、よって債主に迫り10年据え置き40年賦に延期を乞うこと
一、学校費を省くため、3ヵ年休校を県庁へ迫ること
一、雑収税の減少を内務省へ迫ること
一、村費の減少を村吏へ迫ること

を駆逐することに成功した。幸先のいい滑り出しである。

十一月一日夜、勢いを得た困民党は下吉田の椋神社に集結。秩父、上州、信州から多くの者が集まり、困民党は実に3000人にも膨れ上がった。困民を救う世直しの時がついに来たのだ。

竹槍、刀、銃を手に興奮する人々を前に、田代は高らかに決起を宣言。そして「私に金円を略奪する者は斬る」「指揮官の命令に背いた者は斬る」など5ヵ条の軍律を定めた。困民党全軍は直ちに秩父全域の制圧に向かう。

自由民権を叫んだ10日間の戦い。官軍の前に砕け散った困民党！

明治十七年（1884）十一月一日、圧政に苦しむ農民たちを救うべく、困民党は敢然と政府に戦いを挑んだ。

総理田代栄助以下幹部らは明確なビジョンを持っており、作戦として①秩父郡一円の制圧、②応援の来着を待って東京に上る、③現在の政府を倒し、新たに国会を開いて立憲政体を設立する、という計画であった。

藩閥専横を覆し、民のために革命を起こす――田代、副総理加藤織平、会計長井上伝蔵、参謀長菊池貫平らは夢のような願いを込め、「自由自治元年」という旗印を掲げる。

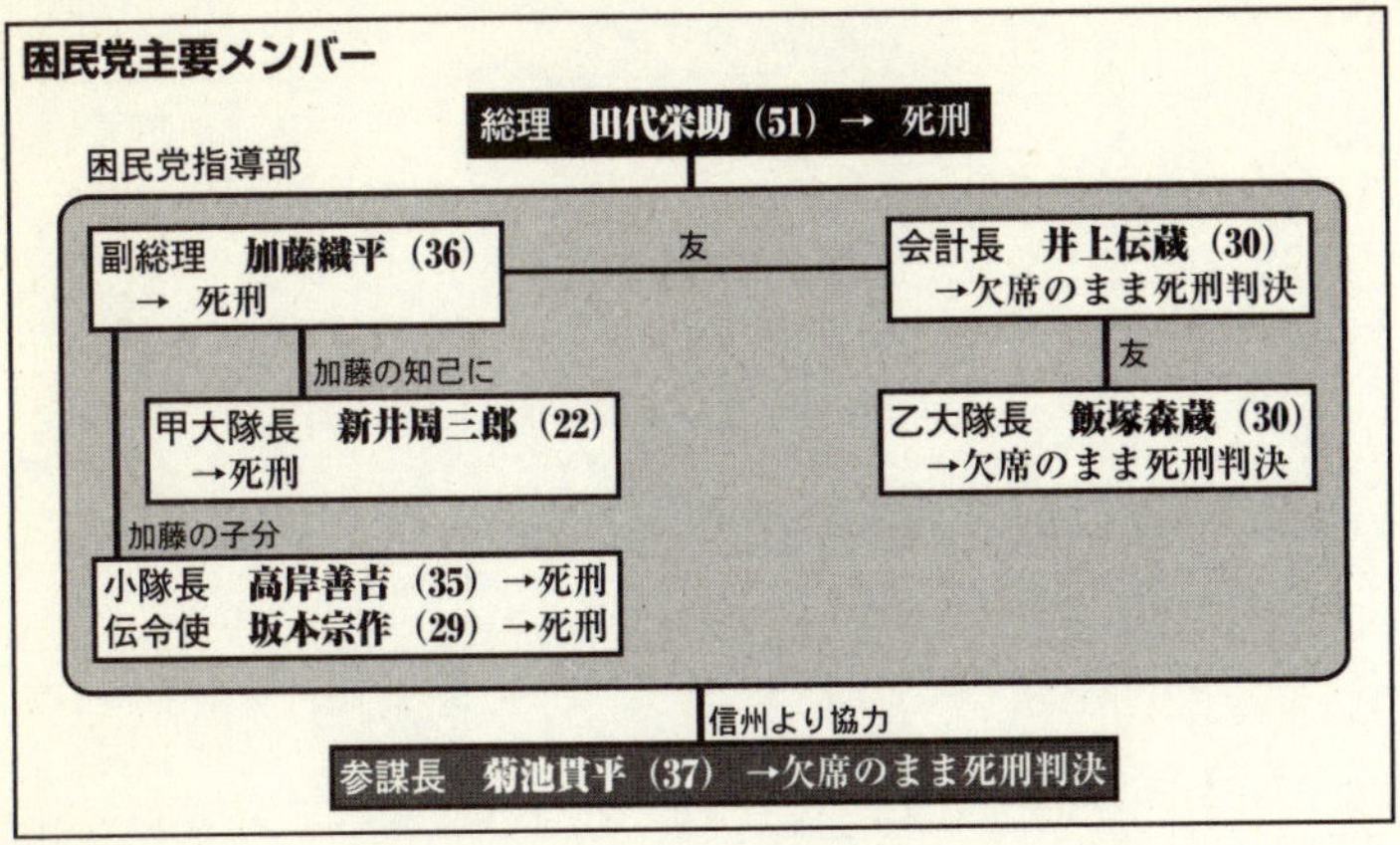

椋神社に集結した３０００の党員たちは甲乙の２隊に分かれて秩父一円の占拠をスタートさせた。翌２日には秩父の中心である大宮郷に侵入し、高利貸しや役所を襲撃した。

田代は高利貸しに「首を渡すか証文を差し出すかいずれかを選べ」と恫喝し、多数の書類を焼き捨て、多額の軍資金を調達した。周辺地域から賛同する者が続々と現れ、高利貸しに苦しめられていた人は多かったのだろう、３日未明には困民党は一時約８０００〜１万人にも膨れ上がったとされる。

県は警官隊を出動させて鎮定に乗り出そうとしたが、事態はもはや県レベルで手に負えるものではなかった。ついに軍隊の派遣要請を受けた東京の内務卿山県有朋は、三日未明に憲兵隊を派遣。憲兵隊は上野から熊谷経由で寄居に急行する。鎮台兵も秩父に集結し、

困民党進軍マップ

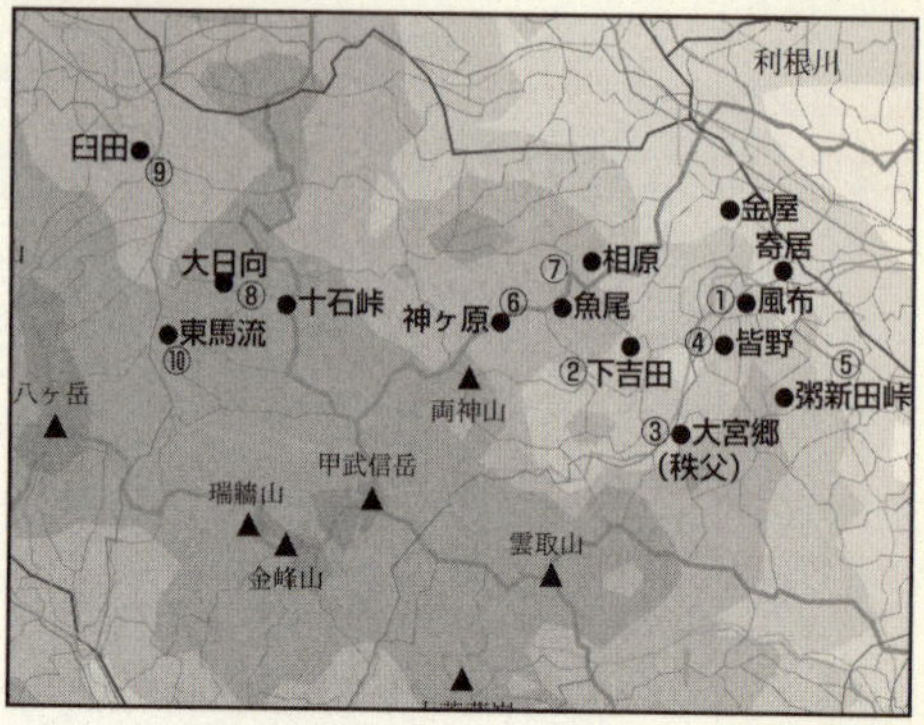

① 10/31	風布村で困民党約 70 人が蜂起。金崎村の高利貸しを襲撃
② 11/1 午前	武装隊が清泉寺、下吉田戸長役場で警官隊と衝突。
午後	下吉田椋神社に 3000 人が集結。困民党一斉蜂起。
③ 11/2	大宮郷（秩父市中心部）を占拠。約 1 万人が参加。高利貸しを襲撃し、富豪から軍用金を徴収。田代ら秩父郡役所を本陣とする。
④ 11/3	憲兵隊上野から寄居へ。迎撃すべく 2000 人が皆野村へ。憲兵隊と銃撃戦。
⑤ 11/4	鎮台兵一個大隊が東京を出発。田代ら幹部戦意喪失し逃亡。本陣解体。残る隊が金屋、粥新田峠で官兵と戦うも敗北。
⑥ 11/5	新総理となった菊池貫平隊信州進出を目指し、神ケ原村で宿営。残る困民党兵の一部も合流。
⑦ 11/6	貫平隊、相原・魚尾村民防衛隊と戦闘し敗退。
⑧ 11/7	数百名の貫平隊、十石峠を越え大日向村へ。
⑨ 11/8	鎮台兵、碓氷峠を越え臼田へ。
⑩ 11/9	東馬流で鎮台兵・警察隊と激突。困民党は壊滅し 10 日間の戦いは終わる。困民党は 13 人戦死、捕縛者 100 人超。

官軍による困民党包囲網が徐々に完成されていった。

憲兵隊と困民党は大宮郷と寄居の中間地点に当たる皆野で銃撃戦を開始。だが、兵器の面でも作戦力の面でも上を行く官軍の優勢は明らかだった。

四日、皆野の困民党本陣に〝異変〟が起こる。なんと田代が戦意を喪失し、突如として逃走したのだ。これを知った加藤、井上、高岸らも皆野を離れ、指導本部は一瞬で瓦解した。

なおこの田代の行動には謎が多く、逃走の真相は現在も明らかでない。一説では、甲大隊長の新井周三郎が捕虜の巡査に斬られて重傷を負ったことから（巡査も斬られ死亡）、「田代は新井が戸板に乗せられ運ばれるのを見て〝ああ残念〟と言って本陣裏から逃げた」との証言があるが……。とにかく、総理が真っ先に逃走したことは事実である。

しかし、リーダーを失っても困民党各隊は秩父各地で戦い、石間村、金屋、粥新田峠で抗戦を続けた。一人残った菊池貫平は新総理となる。菊池は自分の本拠である信州への転戦を決意し、兵を西へと向けた。

菊池率いる新生困民党は数百名の同志を従え、十石峠を越えて一路佐久へと進む。しかし、官軍はすでに迎撃準備を整えていた。九日、穂積村東馬流で両軍は最後の激突を迎える。

早暁5時から戦いは始まるが、鎮台兵の集中砲撃の前に困民党の各隊は次々に撃破される。7時には大勢は決し、困民党は13人が戦死、１００人以上が捕縛された。菊池は逃走し、困民党はここに壊滅する。夢は消え、10日間におよぶ戦いは終わった。

犠牲者1万8000人、生き残りはわずか36人!?
欧米外国人記者が伝えた 旅順大虐殺・戦慄の真相

1894年、旅順での戦いに勝利した日本は、戦勝ムードに酔いしれていた。そんなとき、欧米では日本の残虐行為がセンセーショナルに報道され、国際問題に発展しようとしていた。外国人記者たちが見た「旅順大虐殺事件」とは？

従軍した外国人記者が日本帰国後に報道

イラク戦争で、米軍が投降するイラク兵に暴行を働いた映像が世界中に流れ、国際問題になったことは記憶に新しい。しかし今から100年余り前、日本軍がもっと凄惨な、非武装の民間人を大量に虐殺したという報道が外国人記者によってなされ、国際問題に発展していた。

「日清戦争」は、日本人にとっていまや風化しつつあるとはいえ、当時からすでに国際法の遵守(じゅんしゅ)がうたわれ、戦争、戦闘の決着にかかわらない無用な犠牲を避けるための国際的なルールの設定が叫ばれていた。

つまり非武装の民間人への暴行、凌辱、虐殺などはあってはならない。そんな事実があれば、重要な国際法違反として世界を敵に回すことになり、国際社会から糾弾され、追放され、厳しい制裁を受けたであろう。しかしほとんどの日本人が知らないところで、事件は起こっていた。

日本軍の蛮行が世界でどのように糾弾されたのか。まずは、経過をざっと振り返ってみよう。

黄金山より見た陥落後の旅順西港。1904 年の日露戦争時に従軍写真班が撮影。（写真提供／防衛研究所図書館）

日本軍の旅順虐殺事件は、旅順を攻略した第2軍（大山巌大将）に従軍していた外国人記者が、日本に帰国してから世界に伝えられた。最初に報道したのは、英国「タイムズ」の特派員、トーマス・コーウェンで、その内容はおおむね次のようなものであった。

「……日本人は、日本人捕虜の死体のうちの幾つかが生きたまま火焙りにされたり、手足を切断されたりしたのを目にし、より激昂した。それから4日間、日本兵は全市街を掠奪し、ほとんど全ての人々を殺戮した。ごく少数ではあるが、婦女子が誤って殺された。多数の清国人捕虜が、両腕を縛られ、衣服を剥がされ、刃物で切り裂かれ、腸を取り出され、手足を切断された……多くの死体は、部分的に焼かれた」（井上晴樹『旅順虐殺事件』より）

旅順市民のほとんどが日本軍に殺害された

コーウェンは、日本軍が、日本人捕虜の死体を清国人によって焼かれたのを目にして激昂し、その復讐心が大量虐殺の引き金になったように伝えている。

第2軍に従軍して事件を目撃し、日本に帰国した外国人記者は、英国「タイムズ」のコーウェンを含めて4人とされている。同じ英国の「スタンダード」と「ブラック・アンド・ホワイト」のフレデリック・ヴィリアース、米国「ワールド」のジェームズ・クリールマン、同じく米国「ヘラルド」のA・B・ド・ガーヴィルである。

その中で、センセーショナルに伝えたのが米国「ワールド」のクリールマンで、ニューヨークやワシントンを中心に大反響を呼んだ。

横浜からニューヨークに打電した短文には、「日本軍大虐殺」の見出しが躍り、「3日間にわたる殺人」「無防備で非武装の住民、住居内で殺戮さる」「死体、口にできぬほど切断」「恐ろしい残虐行為に戦（おのの）き外国特派員、全員一団となって日本軍を離脱す」（井上晴樹『旅順虐殺事件』より）と、日本軍の行為を激しく糾弾した。

これを皮切りに、欧米の報道機関はこぞって日本軍の旅順虐殺について論陣を張った。

4人の従軍記者の中で「ヘラルド」のガーヴィルは、日本人捕虜の死体が焼かれたことに対する報復として「日本軍を擁護する内容」を展開するが、旅順の一般市民が虐殺されたことは否定しなかった。さらにヴィリアースは、のちに「ノース・アメリカン・レヴュー」で『旅順の真実』という体験記を公表し、「わずか36人の中国人だけが生き残った」という衝撃の取材内容を明らかにしたのである。

旅順虐殺による犠牲者の数は諸説あって正確なところはわかっていないが、中国側の史料では1万8000余名となっている。

旅順の市民のほとんどが日本軍の手にかかり、わずかに36人が死体処理の使役人として生き残ったという記事は、まさに日本人の残虐非道ぶりを世界に告発するものとなった。

死体を凌辱された日本兵の復讐!?

それにしても、なぜこのような残虐な行為が行われたのか。直接のきっかけは、先に紹介した、英国「タイムズ」のコーウェンが指摘した、旅順近郊の土城子（とじょうし）の戦闘で戦死した日本の騎兵隊への死体凌辱だと考えられている。

明治二十七年（1894）十一月十八日、旅順市街に突入した兵士たちは、土城子付近の戦闘で生け捕りにされた日本兵の生首が、道路脇の柳の木に吊るされているのを発見する。鼻はそがれ、眼球はえぐられ、耳もなくなっていたという。清国兵は、残虐な方法で傷つけた兵士の死体を、さらに首をはね、腹部を切り裂き、石を詰めて路傍に放置したとされる。

なぜ、そのような行為をしたかといえば、日本兵の首や身体の各部に懸賞金がかけられていたからだ。

第2軍の兵士たちは、日本兵の無惨な姿に顔を覆った。怒りが芽生え、同胞の仇を討つという共通意識が生まれ、それが軍全体の復讐心となってメラメラと燃え上がり、虐殺へと駆り立てたのではないか、と想像される。

しかし問題は、それが戦闘中に行われたものかどうかである。外国人記者たちが一様に指摘したのは、戦闘中に住民に被害が出たのではなく、すでに雌雄が決していた十一月二十一日以降に、残虐な殺戮が繰り返されたという点である。

それを検証するために、日清戦争当初からの経緯を、今一度、たどってみよう。

兵力で圧倒的に劣る日本軍が各地で勝利

明治維新以来、「富国強兵」「殖産興業」をスローガンに掲げてきた日本は、欧米列強に追いつき、追い越すことをめざしてきた。とりわけ、富国強兵を旗印にした近代的な軍隊の創設に力を注いだ明治政府は、国際的な戦闘ルールにのっとった軍隊教育より、まず戦争に勝利することを最優先に置いた。そんな中、朝鮮半島の覇権をめぐって清国と日本が対立、朝鮮国内で戦端が開かれる。

明治二十七年七月二十五日、豊島沖で海戦、八月一日、両国が宣戦布告して本格的な戦闘が始まるのだ。

当時、清国はアジアで最大の軍事大国といわれた。明治十五年（１８８２）の、福沢諭吉「兵論」『時事新報』によれば、清国の兵力は１０８万人。それに対し、日本は７万８０００人といわれ、その差は歴然であった。近代兵器の装備でも、清国は日本を圧倒しており、兵力だけを見れば、日本にとっては〝危険な戦い〟であったといえよう。しかしいざ戦いのふたを開けると、劣勢が伝えられた日本軍は、各地で次々と勝利した。

山県有朋率いる第1軍（第3、第5師団で編成）は、九月二十六日に平壌を占領、鴨緑江に架橋して清国に攻め入り、虎山、九連城、鳳凰城を占領、海軍も清国北洋艦隊と黄海で戦い、これも勝利する。

大山巌を司令官とする第2軍（第1師団、混成旅団で編成）は、十月二十四日に遼東半島の東岸、花園口に上陸し、連合艦隊との連携を図りながら半島攻略に着手。こちらもいくつかの戦闘、衝突を繰り返しながら、十一月二十一日、難攻不落とされた旅順を陥落させた。そして事件は、その旅順で起きたのである。

マスコミと国際世論を抑えこみ収束を図る

旅順陥落は、十一月二十一日夕刻とされているが、日本軍は、二十二日以降の3日ないし4日間にわたって「旅順市内で殺戮を繰り返した」ことが、先に紹介した外国の従軍記者たちによって報道されている。

こうした一連の記事は、戦争に勝利したはずの日本政府を大いに苦しめた。というのも、当時日本はアメリカとの間で「不平等条約」の改正を進めており、その交渉に影響を与えかねないからであった。

アメリカでは、従軍記者による旅順虐殺事件の報道後、上院では調印された日米新条約の批准(ひじゅん)に反対する声が沸きあがった。アメリカでつまずけば、他国との条約にも影響を与えかねず、内閣総理大臣伊藤博文、外務大臣陸奥宗光(むつむねみつ)ら政府首脳は、それをもっとも恐れたのである。

政府は、とりわけ「タイムズ」の報道以後、マスコミ対策に躍起となり、情報収集を図りながら虐殺報道に対し逐一反論し、沈静化を図った。とくに外務大臣の陸奥宗光は、駐在大使らを通じて、各国のマスコミの論調が必ずしも「日本軍及び日本政府

ビリ
日米条約
う〜〜ん
う〜ん
どうしよう
どうしましょう
伊藤博文
陸奥宗光

に対する非難一辺倒ではない」ことを知り、その事実を日本のマスコミ各社に伝えた。

一方で、神戸の外国人居留地で発刊されていた英字新聞「神戸クロニクル」が伝えた内容など、日本政府の意を汲んだ記事などを引き合いに、各国に冷静な報道を求めている。

いわく、「外国人で日本を真に知る者は少なく、多くは未開の国だと思っている。……（略）同じ所業を英、仏両軍も近頃までしていたのは事実である。しかし、世界の世論は、英仏両国に対してはよく事情を斟酌する傾向があるが、日本に対してはそうはいかない。何故なら、日本は依然として東洋の一国に過ぎず、野蛮であるとの疑いから免れないからだ。それで今、日本のために案ずるに、婦女子や非戦闘員に対して不必要な残虐な行為をなした者のあるときは、その者の行動に責任を負っている将校を厳重に処罰するのが最上の策といえよう」（井上晴樹『旅順虐殺事件』より）

いずれにせよ、当時の政府は、国内マスコミを含めた〝挙国一致〟内閣であったことから、国際世論を抑えることで事態の収拾を図ろうとしたことが読み取れる。

そうした対応が奏功したのか、結局、最大の懸案であった日米不平等条約の改正は、明治二十八年（1895）二月五日に批准され、同時に、旅順虐殺事件報道はここを境に終焉を迎えるのである。

日清戦争は、日本政府にとってもともと「文明戦争」と位置づけられ、日本側が国際法にのっとった行動に終始することで、欧米に文明国の資格があることを示そうとしたものであった。それが事件によって海外マスコミから非文明的と批判され、国際世論を刺激する結果となってしまった。

この事件は日本の外交上の汚点として今も、歴史に刻まれている。

その後、日本は日清講和条約（下関条約）により遼東半島の租借地を獲得する。しかし、ロシア、フランス、ドイツの三国干渉によりすぐに返還。するとロシアは自らこの利権を独占してしまった。日本国民の怒りはロシアに集中、明治三十七年（1904）の日露戦争開戦へと向かっていく。

時に歴史を変化させるほどの脅威となった感染症とは？

原因不明の奇病発生！ 逃げられぬ風土病の恐怖

医学が現代ほど発達していなかった時代、一度、風土病が発生すると、感染の広がりを食い止めるすべはなかった。原因も、治療法もわからず、人々はそれらの病気を神の祟り、悪魔のしわざと恐怖した。そんな病気の歴史をひもとく。

畳半畳にまで肥大した睾丸

葛飾北斎の浮世絵に「大睾丸の図（だいこうがん）」がある。これは、男ふたりが天秤棒を担いでおり、後ろの男がそのなかに巨大に膨れ上がった睾丸をおさめて歩いているというもの。なんとも滑稽（こっけい）な図であるが、実は現実にこのようなことはあったのだ。

原因はバンクロフト糸状虫という寄生虫で、フィラリアの一種である。人体のリンパ腺に寄生し、10センチメートルにも成長する。感染経路は蚊で、発症すると「草ふるい」という熱発作を頻繁に起こし、手足が腫（は）れて象皮病（ぞうひびょう）になる。そして、尿がにごり、血が混じるようになる。こうなると尿道が閉鎖して、何日も排尿できずに大変な

苦しみを味わうことになる。
この病気は特に南九州で多く発見されている。なかでも奄美(あまみ)、沖縄など南西諸島では、住人の4割が原因となる虫を持っていたという。
北斎の絵のように睾丸が大きく膨れるのは、中に何リットルもの水が溜まった上に皮膚がぶ厚く硬化しているからである。女性がこの病気にかかると、陰部が膨れるだけでなく、乳房が膝に届くほど垂れ下がることもある。
また、八丈小島(はちじょうこじま)には古くからバクと呼ばれる地方病があった。青年期になるとたびたび熱の発作を起こし、手足が腫れて象の皮のようになる。昭和二十三年の調査で原因はマレー糸状虫であることがわかったが、この病は日本では八丈小島だけで、当時の島の住人のほぼ全員が保虫者であったという。

お腹が異常に膨れあがる水中の悪魔の正体とは？

弘化四年（１８４７）、広島県の芦田川と高屋川が合流するあたりで、奇病としかいえない病が蔓延した。地名を取って「片山病」という。

春から夏にかけて、農民が耕作のため田に入るとふくらはぎに発疹ができるのである。それは非常にかゆく、寝ることさえできない。下痢や嘔吐を繰り返し、しばらくすると手足は骨と皮ばかりにげっそりと痩せてしまうのに、腹部だけは異常に膨れる。血や膿を流す者もいる。そして、足にむくみが出る頃には死に至るのである。

患者は体力のある者でも病が重ければ助からず、牛馬も倒れた。

実は同様の病気は山梨県にもあった。こちらは「水腫脹満」と呼ばれ、年齢にかかわりなく腹に水が溜まって膨れあがり、手足は細く萎びてしまう。こうなると、死を待つしかないという。

この病気は住血吸虫によるもので、人の門脈血管に寄生する。ミヤイリガイという巻貝の中にいるセルカリアが人の皮膚から侵入して起こるのだが、原因となるミヤイリガイが水田にいたため感染は拡大した。

大正二年（１９１３）、感染経路が解明したが、水田や用水路に素足で入らないことが唯一の予防法だった。治療法も研究されたが、副作用の危険があった。そのため、用水路の工事や殺貝剤の散布によってミヤイリガイの根絶が進められた。

最終的に病の終息宣言がなされたのは、平成十二年（２０００）のことだった。

正体不明の病、ツツガムシの恐怖

雄物川、最上川、阿賀野川、信濃川。夏、この4つの河畔の草むらに入ると不思議な熱病にかかるという話が昔から伝わっていた。

突然高熱が出たかと思ったら、全身に赤い発疹が現れて意識の混濁がはじまる。この発疹が紫色に変わるともう助からず、10人中4、5人は数週間のうちに息を引き取るという。一命を取り留めても衰弱は激しく、半年間は満足に動けなかった。

この病気は新潟では「ツツガムシ病」と呼ばれ、秋田、山形では「ケダニ」という。山形県には「毛谷大明神」や「恙虫明神」、秋田県には「けだに地蔵」が祀られている。人々がいかにその災厄を恐れ、身を守ろうとしたかがわかる。

原因となるのはツツガムシ（ケダニ）の幼虫である。これが人をさして感染が始まることは知られていたが、治療法が確立するまでには時間がかかり、第二次大戦後になってようやくクロロマイセチンやテラマイシンが使われるようになった。

それ以前は、ツツガムシが発生する草原に入らないという予防しかなかった。だが、貧しい農民は食べるために危険を承知で畑に出るしかない。致死率30～50パーセント、生きるための行動が死を招きかねないとは皮肉なものである。

　ちなみに、聖徳太子が隋へ送った手紙にも書かれた「恙がなきや」（お元気ですか？）という安否を気遣う常套句は、この病気が語源ではない。「恙」はもともと障りがある、病気になるという意味があり、これが後の時代になって正体不明の病につけられたのである。

歴史を変えた天然痘の世界的流行

　これらは特定の地域でのみ流行した「風土病」だが、それ以上に人々を恐怖させた病に、日本全土で猛威をふるった伝染病〝天然痘〟がある。

　天然痘は感染力も、致死率もかなり高い伝染病で、もともとは中央アフリカかインドの風土病だったが、シルクロードによる交易の発達により世界中に広まった。日本へは朝鮮半島経由で、仏教伝来の頃に伝わったとされている。

　『日本書紀』には敏達天皇（推古天皇の夫）や用明天皇（聖徳太子の父）が、「瘡」という病にかかり崩御したと記されている。天然痘になると皮膚に膿疱（水疱が化膿したもの）ができ、たとえ治癒してもそのあとはアバタとなって残る。そこから天然痘を「瘡」と言ったとみられている。

天然痘により多くの民も被害にあったが、それと同時に蘇我氏と物部氏という二大勢力の衝突や天災が相次ぎ、政情は不安定なものとなった。そこに女帝・推古天皇が聖徳太子を摂政に据えて即位するのである。

その後も天然痘は数百年単位のサイクルで流行を繰り返した。奈良時代には、藤原不比等(ふひと)の子で、一族繁栄の礎を築いた藤原四兄弟が相次いでこの病に斃(たお)れた。聖武天皇が大仏を造らせたのは、天然痘を怨霊のしわざと考え、荒ぶる魂を鎮めるためである。平安末期の平清盛、江戸中期の徳川吉宗も一説には天然痘が死因とされる。

天然痘は、大航海時代にはヨーロッパからアメリカに伝わり、免疫のない先住民の間で大流行した。スペイン人がわずかな兵力でアステカやインカ帝国を滅亡に追い込めたのは、病で人口が激減し抵抗できなかったからだとされている。

しかし、18世紀にようやくワクチンが開発される。その後、WHOのスタッフが世界中を回ってワクチンを接種した結果、ついに感染症で唯一、根絶に成功した。

現代では治療法が確立されている病気も、昔は原因もわからず、人々は怨霊のしわざや祟りだと信じ込んだ。そのため、人々は神にすがり、さらには運命とあきらめ、寿命が短くなることさえ観念して暮らすよりなかったのである。

いまだ謎も多い極秘組織が行った戦慄の生体実験とは？

闇の細菌研究施設731部隊 石井四郎の野望

日中戦争から太平洋戦争中に発足した731部隊。捕虜に対して生体実験を行ったとされるが、今なお謎が多いこの部隊の設立から解体までの活動に迫る！

マッド・サイエンティストの誕生

昭和五十六年（1981）、作家・森村誠一が『悪魔の飽食』を発表したことで「731部隊」の名は日本中に広まった。第2次世界大戦中、作中で日本軍が中国人に行ったとされる生体実験は「生きたまま全身の血を抜き取る」「人を真空室に入れ、口や肛門から内臓が飛び出す様子を記録する」など衝撃的なものであった。その非道な実験は人の想像力をはるかに超えており、アジアのアウシュビッツと呼ばれた。

だが、科学的に疑問の残る実験内容や部隊とは関係のない写真が生体実験の証拠として掲載されたことにより、「731部隊」の真実はさらに謎を深めていく。満州で何が行われていたかを関係者が語ることは、かたく禁じられていたという。

731部隊関係者は捕虜になってはならない。日本に帰り着いたら、その秘密は墓まで持って行け——そう命令を下したのは石井四郎という男であった。彼こそ「731部隊」の提唱者であり、初代部隊長である。

明治以降、日本の国家政策は「殖産興業(しょくさん)」と「富国強兵」を中心に行われていた。明治二十七年(1894)の日清戦争、明治三十七年の日露戦争で強国に勝利した日本は、朝鮮の軍事支配を確実にするとともに、ロシアから南満州鉄道を奪い、中国大陸侵略の足がかりをつくることに成功する。

だが、その戦争の裏では、戦死者よりも戦場で発生した伝染病による死者のほうが多いという事実があった。日清戦争ではコレラやマラリアが蔓延し、病死者は戦死者の10倍にものぼったという。

病気が発生する理由は、戦場での飲料水が確保できなかったからであった。当時は伝染病の予防法も治療法もほとんど確立されておらず、病原菌に汚染された水が原因とわかっていても

旧彦根井伊藩邸に置かれた陸軍参謀本部。
(写真提供/国立国会図書館)

対処法がなかったのだ。発症すれば入院することになるが、そこで治療を受けられるわけでもなく、静かに横たわり死を待つしかなかった。

陸軍軍医学校防疫部ではチフスやコレラなどのワクチンの大量生産を計画していた。それと同時に細菌をろ過し、安心して飲める水を供給する方法を模索していた。その研究の中心人物が石井四郎である。

石井は浄水装置の研究に力をそそいだ。彼は京都帝国大学医学部から陸軍軍医学校に合格したエリートである。石井は汚水を装置に通してろ過し、参謀本部の前で飲んでみせ、その性能を知らしめた。戦地への飲料水の大量供給を可能にして実績をつくると、石井はある計画を実行すべく動き出した。

７３１部隊の編成と研究所の設立

野心家の石井は軍医が戦功を上げるにはどうしたらいいかを常に考えていた。そのきっかけになったのが「ジュネーブ議定書」（１９２５年調印）である。

これは戦争での毒ガスと生物兵器の使用を禁じる内容であった。１９１４年に始まった第1次世界大戦で初めて使われた毒ガスは、７万３０００人もの命を奪った。さらにドイツが微生物の研究を進めていることが公になると、兵器への転用を恐れた諸国はその使用も禁止した。各国は新兵器の使用をめぐってけん制し合い、22ヵ国がこの議定書を批准している。

しかし、石井は「使用を禁止しなければならないほど大量殺人が可能な兵器を使わない手はない」と逆の発想をした。ちなみに日本はジュネーブ会議に参加はしているが、その内容を承諾してはいない（日本は1982年批准）。

昭和三年（1928）、石井は2年間の世界旅行に出ている。訪れたのはヨーロッパ、アメリカ、ソビエト連邦などで、ジュネーブ議定書の批准国を中心に選ばれていた。生物兵器なら資源が乏しい日本でも研究ができる。このときから石井のなかに生物戦というアイデアが膨らみ始めた。

そして、時代は石井に味方した。昭和六年（1931）、満州事変が勃発したのだ。勢いに乗った日本はたった5ヵ月で満州を占領している。

翌年には石井が開発した浄水装置が認められ、軍医学校防疫部内に「防疫研究室」がつくられた。これは彼が構想していた生物兵器研究の専門機関である。

関東軍防疫給水部本部、またの名を陸軍軍医学校防疫研究室。それが「731部隊」の正式名称である。名前の通り、表向きは戦地での伝染病の予防と最前線への給水を行う。だが、実際の任務は生物兵器の研究・開発を行うための特殊部隊であった。

本部設立には辺境の平房が選ばれた。これはジュネーブ議定書で禁止されている生物兵器の研究を行うにあたり、欧米諸国の目を避けるためであった。そして、生物兵器の研究を行うには生体実験が必要不可欠――石井は当初からそれを視野に入れていた。一部の医者にとって、国内では絶対に許されないこの研究は、倫理に反しても行う価値があるものだった。こうして石井が見込んだ全国の優秀な医者や研究者たちが満州に集められたのである。

平房の本部は6キロ平方メートルもの広大な敷地を有していた。周りは塀と鉄条網で囲まれ、監視は厳重であった。本部建物（ロ号棟）の中庭には特設監獄が建っていた。7棟と8棟である。ここは限られた者しか入ることが許されない空間であった。研究所の他には発電所や農場、飛行場などがあった。また、施設で働く人やその家族のために学校や病院、郵便局などもつくられ、さながらひとつの村となっていた。

この一帯は機密保持のため、日本軍機であっても上空の飛行を禁じられたという。

満州で危険な任務を命じられていた少年隊

平房の研究所でもっとも危険な業務についていたのが少年隊である。

試験は日本国内で行われ、合格すればすぐに満州の防疫研究所に送られた。石井が彼らに求めたのは一定以上の学力と健康な体だけであった。この部隊には14、15歳の少年が集められ、なかには高等小学校しか出ていない者もいた。

彼らは軍事教練の他に学科の授業を受けながら、徐々に細菌の知識を増やしていった。学んだのは人体構造や病理学など、業務に必要な専門知識である。

実習という名の業務では研究所の試験管を洗ったり、検査のための培地をつくったりした。もちろん、なかには生きた菌が入っている。

もちろん少年兵たちはチフスやコレラなど必要な予防接種を受けてはいる。だが、いつ感染するともしれない状況に置かれていることには変わりない。

最初は細菌の知識がなかった少年兵たちも、経験を積むにつれてこの現場がどんなに危険かわかってくる。そんななかでチフス菌やパラチフス菌、赤痢菌などの大量生産を命じられた。そして、できた菌を車で運ぶのも彼らの仕事である。

菌に感染したくない、その一心で彼らは一日に何度もクレゾールの風呂に入ったという。

だが、毎日そんな業務を行っていれば、発病する者が出て当然である。彼らの遺灰は日本に返され、「戦死」とだけ告げられた。家族にも本当の死因は教えられなかった。平房に調達された少年兵のうち、日本に帰国できたのは半分ほどであった。残りの半分は菌に感染して発病するか、この研究所から逃れるために、さらに危険な戦場へ向かうことを望み、そこで戦死したのである。

研究所に移送された捕虜・マルタへの実験とは？

平房では少年兵も使い捨てにされたが、中国人捕虜たちの扱いはさらに酷いものだった。彼らは「マルタ」と呼ばれ、生体実験の材料にされたのである。

特に「特移扱」（特別移送扱い）といって、日本の憲兵に捕まった者は例外なくマルタにされた。彼らのほとんどは犯罪者か抗日活動家であったが、なかには女子供や共産党員、無実の市民が含まれることもあったという。

マルタは一度、ハルビンに集められ、それから数人ひとまとめにして平房に運ばれた。彼らの行き先は特設監獄かロ号棟である。

こうして犠牲になった者は1000人とも3000人ともいわれている。

彼らは氷点下30度にもなる屋外に放置

され、凍傷の実験に使われたり、それで四肢を失ったとしてもさらに別の実験に再利用されたりした。また、新開発したワクチンを打ち、そのあとで病原菌を注射して発症の様子を確かめるようなこともあった。

こんなことは相手が人間だと思ったらとてもできない。現にマルタたちは「1本」、「2本」と数えられ、物として扱われた。

もっとも部隊が力を入れた研究は、より強い毒素を持った病原菌の確保である。

まず、培養された病原菌をマルタに注射し、人為的に感染させる。人体を通過させた菌は、実験で作られたものより強くなっている。その強い病原菌を取り出し、何度か感染を繰り返すことで、より強力なものにつくり替えるのである。

ただ、人体は死ぬとすぐに雑菌が入ってしまう。そのため、マルタをかろうじて息をしている状態にしておいて、生きたまま解剖したのである。

また、細菌そのものによる攻撃では効果が少なかったため、菌を感染させたノミをつくって、それを散布する作戦が考え出された。なかでもペストが有効で、ペストノミを大量生産するため隊員たちはネズミの捕獲に明け暮れた。

敗戦後に抹消された731部隊

昭和二十年(1945)八月九日、ソ連軍は中立条約を破り、兵士150万人を投入し満州へ侵攻した。

戦局は絶望的だった。東京の参謀本部は即座に平房施設の破棄を決定している。石井に下された命令は、部隊の解散と施設の爆破だった。生物兵器の研究と生体実験の証拠を残さないよう、マルタたちの処理は簡潔に指示されていた。

「電動機で処理し、ボイラーで焼いて、その灰は松花江（しょうかこう）に流すこと」

さらに、軍属がソ連の捕虜にならないように、全員を大連（だいれん）に送り、必ず日本に帰還させることを強調している。万一、捕虜になって部隊の秘密が公になることを恐れたのである。特に細菌学の博士号を持った医官たちは、ソ連にとって利用価値が高い。そこで彼らだけは軍用機で日本に直接帰ることになった。

石井は研究データを持ち出そうと食い下がったが、参謀本部は許可しなかった。石井にとっては貴重な内容でも、今や日本をさらなる危機に追い込む危険極まりないものであったからだ。

石井は平房撤退にあたり、７３１部隊関係者を集めると「この秘密は墓まで持って行け」と言い放った。

八月十七日、ソ連軍は平房に侵入。７３１部隊は間一髪ですべての命令を遂行していた。十六日に全員の引き揚げが完了し、施設は爆破され、瓦礫（がれき）の山になっていたのだ。こうして「７３１部隊」はこの世からなかったことにされた。

ＧＨＱとの駆け引き

これほど非人道的な実験を行った７３１部隊であったが、戦犯者になった者はいない。それは石井をはじめ、関係者たちがアメリカとソ連を相手に巧みな駆け引きをしていたからである。

石井は参謀本部に禁じられた研究成果を密かに持ち出し、日本に帰国していた。

米国内でも石井に対する扱いは微妙であった。マッカーサーは独自の判断で石井と７３１部隊に戦犯免責を与えており、ＧＨＱとの交渉を行っていた有末精三（ありすえせいぞう）中将とも話をつけていた。一方、ワシントンはそれを認めてはいない。

石井は米国の尋問に対して生体実験については否定し、一般論しか語ろうとしなかった。だが、ソ連の尋問が迫っていることを知ると、一転して自らを生物戦の専門家として売り込み、20年間にわたる実験データの提供を約束している。

石井は研究成果を狙うソ連と、自分や７３１部隊を戦犯にしようとする米国を相手に実験データという武器で戦った。そして、「生物兵器」という禁断の兵器に目が眩（くら）んだ大国を翻弄し続けたのである。

第二章

あの人物の真実とミステリー

無理があった金印偽造説

「漢委奴國王」の金印は偽造だった!?

1784年の発見当初から贋作説がつきまとう金印「漢委奴國王」。近年、再び偽造説が取りざたされるが、そこには決定的な証拠が欠けていた!?

福岡藩は二つの藩校に鑑定を依頼

「漢委奴國王」の金印が発見されたのは天明四年（1784）二月二十三日。博多湾に浮かぶ志賀島（しかのしま）の一角だった。甚兵衛という農民が田んぼの水はけが悪いので、溝のかたちを直そうとして崖を削っていたら、石の間にキラリと光るものがあった。手にとって水ですすぐと、金の印判のようなものが現れた。

甚兵衛の兄が以前、奉公していた商家に見せたところ、「大切な品である」と太鼓判。甚兵衛は大事に保管していたが、噂が広まったのか、ひと月後、庄屋から役所に差し出すよういわれ、金印は郡奉行を経て福岡藩の手に渡った。

金印　福岡市博物館所蔵

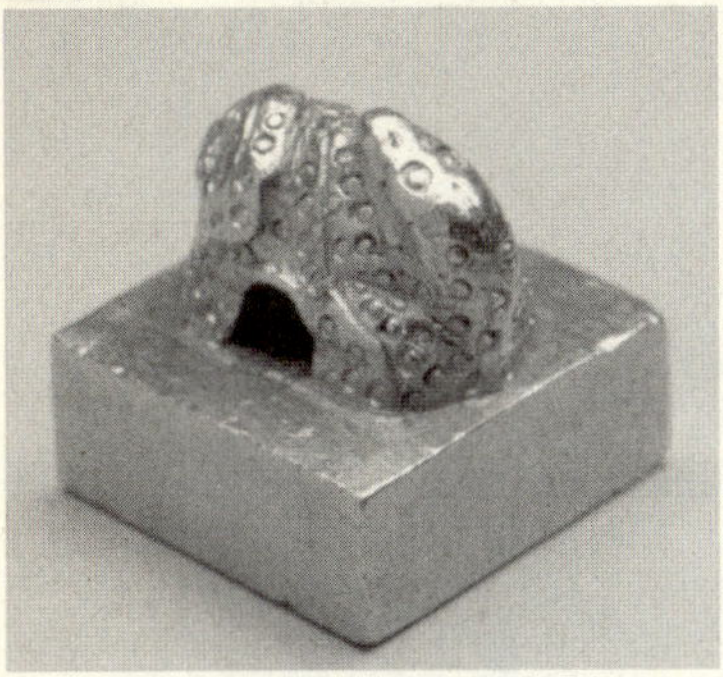

1784年は福岡藩にとっても記念すべき年だった。二つの藩校を同時に開設したのだ。一校は城の東につくられた修猷館（校名は現在も福岡県立修猷館高校に残る）、もう一校は城の西につくられた甘棠館。藩は開校したばかりの両校に金印の鑑定を依頼した。

甘棠館の館長、儒学者の亀井南冥は中国の史書にも造詣が深く、鑑定を依頼されると『後漢書』と『三国志』の「倭王が金印を授与された」との記述に注目。「唐土（中国）の書に本朝を倭奴国と書いているものがある。委の字は倭の字を略したものだろう」との鑑定書を藩に提出し、抜群の洞察力を示した。

修猷館が出した鑑定が奇説に近かったことに比べると、見事に本質をつかまえている。後に南冥が著した『金印弁』にも「漢の光武帝から授与されたものがいちばん近い」とあり、それ

以降、南冥の説が金印が論じられる際のベースとなった。福岡藩は発見者である甚兵衛に報奨金として白銀5枚を与えた。

倭奴国王は鋭敏な国際感覚の持ち主

『後漢書』倭伝には、「建武中元二年（西暦57年）、倭奴国、貢を奉じて朝貢す。使人は自ら大夫と称した。倭国の極南界である。光武は印綬を賜うた」とある。

光武とは後漢を建国した光武帝にほかならない。やっと国内を統一したものの、海外から正式な王朝として認められるかどうかはわからない。そんな不安定な時期に、まっさきに東夷の一国が駆けつけてきたのだ。光武帝は、どんなにうれしかったことだろう。金印をプレゼントして心からの謝意を表した。

絶妙なタイミングでの朝貢。倭奴国王の名

前は残っていないが、鋭敏な国際感覚を持ったリーダーだったことがわかる。

南冥は、この記事から発見された金印が光武帝が倭奴国に与えたものと推測した（委は倭のにんべんを省略したと判断）。倭奴とは北方の匈奴に対する言葉で、「匈」が「たけだけしい、さわがしい」などを意味するのに対し、「委」は「したがう、すなお、おだやか」などを意味する。金印を授与されたということは倭奴国が東夷の中心国家であることが認められたことになる（中心国家でない場合や配下の武将の場合は銀印、銅印）。

贋作説には突破できない難点があった

ただし、志賀島の金印については発見された当初から「贋作説」がつきまとっていた。１９５４年に国宝の指定を受けた際も真贋論争があったほどだ。贋作と疑う論者は「漢代の印章の規格にあわない」などと主張したが、決定的な証拠を示せなかったため、真贋論争は下火になっていく。

論争に終止符を打ったのは１９５６年に中国・雲南省で発見された「滇王の印」だ。前漢が夷蛮である滇国の王に与えたもので、「漢委奴國王」の金印と同じように蛇紐（手に持つところ）だったことから、贋作説は消えた。

ところが、２００６年、『金印偽造事件「漢委奴國王」のまぼろし』（三浦佑之、幻冬舎新書）と題する注目すべき一冊が出版された。実証的なやり方で、偽造の真犯人を立証していく過程は、なかなかスリリングで、ベストセラーになった『ダ・ヴィンチ・コード』を思わせるところがある。三浦氏が突き止めた真犯人は、なんと亀井南冥その人。開校したばかりの甘棠館を権威づけるために金印を贋作したというのだ。

事実だとすれば、古代史を一変させかねない話だが、実は贋作説には決定的な弱みがある。それは金印に「委」の文字が採用されていることだ。贋作する以上、本物以上に本物らしく見せなければいけないが、後漢書（そののちの史書にも）には明確に「倭奴國」と書かれている。贋作者が後漢書を見ていないとは考えられない。贋作するとしたら100パーセント「倭」を使ったはずだ。なにを好きこのんで「委」の字を使う必要があるだろうか。

しかも、7世紀、聖徳太子が書いたとの説もある『法華経義疏』には「大委国上宮王」とのサインがある。上宮王は、どこかで「委」の文字が使われている例を見たわけだ。中国の史書に倭国、倭人が登場する場合、必ず「倭」の文字が使われている。1世紀と7世紀、その間は600年あるが、金印もしくは金印の印影が委奴国→倭国と連綿と継承されていなければ、上宮王は「大委国」と書けなかっただろう。

金印が見つかったのは博多湾岸の志賀島。委奴国、そして倭国がどこにあったのかを明確に証明している。

近畿か、九州か、邪馬台国論争に終止符!?

そもそも「邪馬台国」は存在しなかった!?

江戸時代の学者によって「邪馬壹国」が「邪馬台国」と解釈され、"邪馬台＝ヤマト"がスタンダードになってしまった。原文を読み違えたまま、現在まで続く邪馬台国の近畿・九州説論争。真の「邪馬壹国」は、はたしてどこにあったのだろうか？

倭伝ではなく、倭人伝にした理由

一般的に「邪馬台国」が論じられるとき、元になっている文献は3世紀、西晋の陳寿が著した『三国志』だ。『史記』『漢書』などを継ぐ、公認の「正史」で、おなじみの曹操、諸葛亮、劉備、孫権らが活躍する、魏、呉、蜀の三国時代を描いている。

三国時代は魏が天下を統一し、呉、蜀は滅ぼされて終わる（もっとも魏の曹氏は臣下だった司馬氏に皇位を簒奪され、最終的には魏も消えてしまうのだが）。英雄奸臣が入り乱れ、中国の歴史のなかでも、もっともおもしろい時代といってもいいかもしれない。

中国の正史は天子の事跡を取り上げた「帝紀」と、それ以外の人物などを追った「列伝」に分かれる。魏書、呉書、蜀書からなる『三国志』は魏を正当の天子とする立場で書かれているので、「帝紀」は魏書にしかない。全編、きわめて客観的で、クールに描写されているが、著者の陳寿は蜀の出身。行間からは蜀や諸葛亮に対する熱い思いが伝わってくる。

倭人伝は魏書列伝の最後に、夫余、高句麗、韓伝などと並んで収録されている。「三国志・魏書・烏丸鮮卑東夷伝第三十・東夷伝・倭人伝」を縮めて「魏志倭人伝」と呼んでいるわけだ。「正確には東夷伝倭人の条と呼ぶべき」とする解説書もあるが、写本には明確に倭人伝と書かれている。

倭伝ではなく、倭人伝としたのは狗奴国、裸国、黒歯国など倭国に属しない国々も取り上げられているからだろう。正確な表現を心がけた陳寿らしい、きめの細かさだ。

「弥生の大合併」で100余国が30国にまで減少

倭人伝の冒頭には次のようにある。

「倭人は帯方の東南大海の中にあり。山島によりて国邑をなす。もと百余国。漢の時、朝見する者あり。今、使訳通ずるところ三十国」

帯方とは中国が韓半島内に置いていた帯方郡のこと。「山島によりて国邑をなす」

とあるから、陳寿は倭国が島国であることを知っていたことになる。倭国が九州を中心とする国であれば、なんの不思議もない。九州が島であることは一目瞭然。中国（魏）からの使者たちも関門海峡を実際に見聞したのかもしれない。

倭国が近畿を中心とする国であるとしたら、本州が島であることを認識していなければならないことになる。遠く裸国、黒歯国まで渡航していた倭人のことだから、津軽海峡を知らないはずはないとも思えるが、論証は意外に難しい。

この時点では東北・北海道は蝦夷の地で、倭国の支配下になかったどころか交流があったかどうかも疑わしい。この一点だけでも倭国＝近畿中心説は成り立ちがたい。

倭人伝の冒頭の一節はコンパクトに倭国の発展史をまとめている。「もと百余国」とは『漢書』にある「楽浪（漢代の四郡の一つ）海中、倭人あり。分かれて百余国をなす。歳時を以て貢献すと云う」を受けたものだろう。

『漢書』が対象とした紀元前1～2世紀には倭国

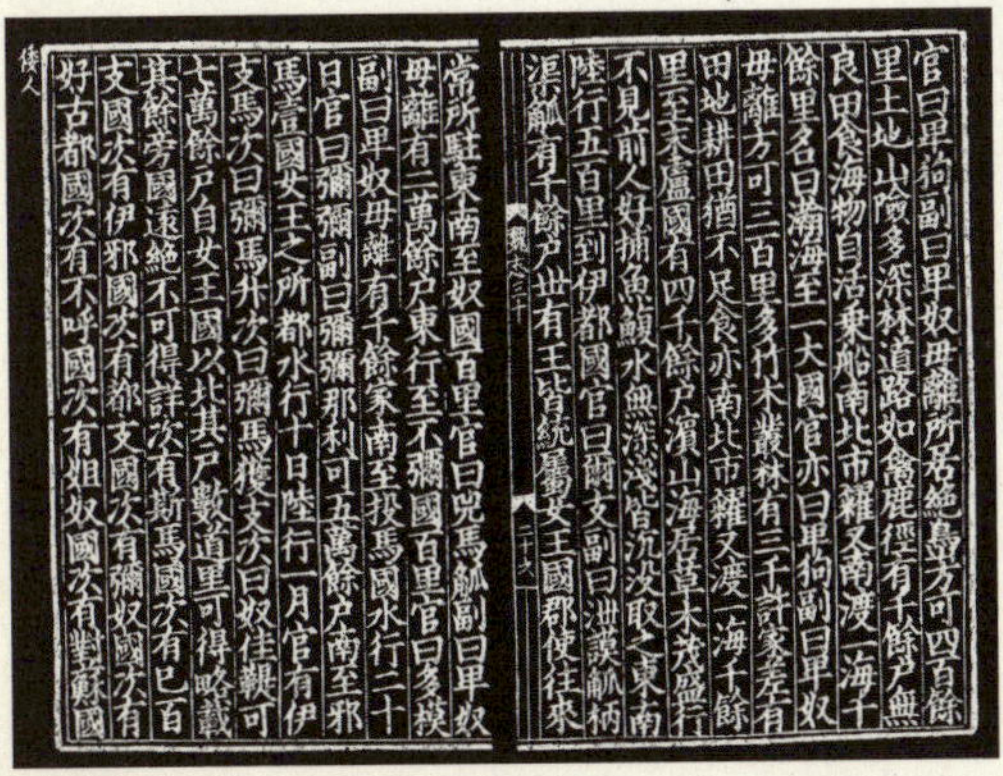

官曰卑狗副曰卑奴母離所居絶島方可四百餘
里土地山險多深林道路如禽鹿徑有千餘戸無
良田食海物自活乗船南北市糴又南渡一海千
餘里名曰瀚海至一大國官亦曰卑狗副曰卑奴
母離方可三百里多竹木叢林有三千許家差有
田地耕田猶不足食亦南北市糴又渡一海千餘
里至末盧國有四千餘戸濵山海居草木茂盛行
不見前人好捕魚鰒水無深淺皆沉没取之東南
陸行五百里到伊都國官曰爾支副曰泄謨觚柄
渠觚有千餘戸世有王皆統屬女王國郡使往來

魏志三十　二十六

常所駐東南至奴國百里官曰兕馬觚副曰卑奴
母離有二萬餘戸東行至不彌國百里官曰多模
副曰卑奴母離有千餘家南至投馬國水行二十
日官曰彌彌副曰彌彌那利可五萬餘戸南至邪
馬壹國女王之所都水行十日陸行一月官有伊
支馬次曰彌馬升次曰彌馬獲支次曰奴佳鞮可
七萬餘戸自女王國以北其戸數道里可得略載
其餘旁國遠絶不可得詳次有斯馬國次有已百
支國次有伊邪國次有都支國次有彌奴國次有
好古都國次有不呼國次有姐奴國次有對蘇國

倭人

『魏志倭人伝』石原道博編訳、岩波文庫よりは100余国に分かれていたが、その後、中心国家による統一が進み、『三国志』が対象とした3世紀前半には、およそ30ヵ国にまで集約された、と。

30ヵ国は近畿説、九州説によって異なるが、九州内部の可能性が高い（あるいは中国・四国地方の西部も入るか）。「平成の大合併」ならぬ「弥生の大合併」が行われたわけだ。

もちろん、話し合いで統合されていったとは考えにくい。挑戦に対する応戦、すなわち武力衝突の結果による支配・被支配の関係もあったことだろう。

倭人には漢字の認識・作成能力があった

「漢の時、朝見する者あり」の一節も非常に重要だ。というのは3世紀の倭国が光武帝から「漢委奴國王」の金印を授与された国（1世紀）、漢に朝貢した倭国王・帥升（すいしょう）の国（2世紀）を受け継いだことを意味しているからだ。

陳寿は倭人伝の冒頭で、「倭国とは後漢代に金印を授与された、あの国だよ」と読者（第一の読者は西晋の天子）に予備知識を与えている。金印が志賀島で発見された以上、素直に考えれば倭国は博多湾岸にあったと解釈せざるをえない。

30国の国名は倭人伝に記載されている。對海国（対馬）、一大国（壱岐）、末盧国、伊都国、奴国、不弥国、投馬国、邪馬壹国（やまいちこく）、斯馬国、巳百支国、伊邪国、都支国、彌

奴国、好古都国、不呼国、姐奴国、對蘇国、蘇奴国、呼邑国、華奴蘇奴国、鬼国、爲吾国、鬼奴国、邪馬国、躬臣国、巴利国、支惟国、烏奴国、奴国などの国が名を連ねる。

「邪」「馬」「鬼」など卑字が目立つが、「華」「蘇」などの佳字もまじる。文字は（倭人たちの国名の発音に合わせて）中国側が選んだとも考えられるが、對（対）海国、一大国、躬臣国などの字面を見ると、倭人側が採用した可能性もある。

もちろん、倭人は漢字を読めた。女王・卑弥呼（倭人伝には卑弥呼。帝紀には俾弥呼とある）が中国に使節を送って朝見した際、天子から次の文章で始まる長文の詔書をもらっている。

「親魏倭王・卑弥呼に制詔す。帯方の太

守劉夏、使を遣わし、汝の大夫・難升米、次使・都市牛利を送り、汝献ずるところの男生口四人・女生口六人・班布二匹二丈を奉り以て到る。汝があるところ、遥かに遠きも、乃(すなわ)ち使を遣わし、貢献す」

倭人伝にも引用されているが、詔書をもらった卑弥呼が読めなかったとは考えにくい。倭に（漢文の）文章作成能力があったことは、倭人伝に卑弥呼が「上表した」と書かれていることからもわかる。「表」は文字で書かれるものだ。たとえ、一部の高位の者あるいは専門家であっても、漢字の認識・作成能力があったことは疑えない。

考えてみれば、「漢委奴國王」の金印が授与されたのは1世紀のこと。金印の文字を見て、倭人たちは大きなショックを受けたことだろう。すぐさま、文字の修得に努めたに違いない。それから2世紀後に、ある程度の読み書き能力がなかったとするほうがおかしい。

もし「邪馬壹国」の文字を倭人が採用したと考えると、どういう意味だろうか。「邪馬」はほぼ間違いなく「山」だろう。「壹」は「一大国」（壱岐にあたる）の「一」と同様、「（中国の天子に対して）二心がない」ことを指す。

天子に忠実に仕えていますといっているわけだ。「いち」の「い」の音をとって、「倭」を表現したのかもしれない。倭は当初、「い（ゐ）」と読まれたが、のちに「わ」の音に変わった。邪馬壹国は「山倭の国」の意味になる。

「邪馬台国」に卑弥呼はいない

邪馬壹国の戸数7万余戸、奴国の戸数2万余戸などの数字から判断すると、3世紀時点では倭国が、かなりの大国であることがわかる。

1戸の人数は不明だが、仮に平均5人だとしても、邪馬壹国だけで35万人の人口を抱えていることになる。もし、1戸10人とすると、邪馬壹国だけで人口70万人。中国、ローマ帝国は別格としても、3世紀の世界では屈指の大国ではないか。しかも、伊都国以外には王がいないから（王を許していないから）、倭国は部族連合国家というより、強力な中央集権国家に近い。弥生時代だと思って侮ってはいけない。

邪馬壹国は一般的には邪馬台国として知られている。実は『三国志』のすべての版本には「邪馬壹国」とあり、「邪馬台国」とは書かれていないのだ。

5世紀、南朝劉栄時代に書かれた『後漢書』倭伝には「邪馬臺（台の旧字）国」とあるが、これは5世紀時点の倭国の中心国家の名前。『後漢書』は『三国志』からの引用が多く、正味の文章量は少ない。卑弥呼、壹与らが登場するのも『魏志倭人伝』だから、3世紀の倭国を論じようと思うと、いきおい倭人伝に頼ることになる。

その場合、「邪馬台国の卑弥呼」と書くのはおかしい。正確には「邪馬壹国の卑弥呼」と書かなければいけない。

糸島・博多湾岸遺跡から三種の神器が集中的に出土

方格規矩四神鏡（井原ヤリミゾ遺跡出土）

砂魚塚古墳出土玉類

平原遺跡銅鏡出土状況模型。王の墓が発見された平原遺跡からは、日本で最大の銅鏡の他、中国製の銅鏡が 100 枚以上出土。中国製のガラス製品や金属製品も、発見されている。写真提供／糸島市立伊都国歴史博物館

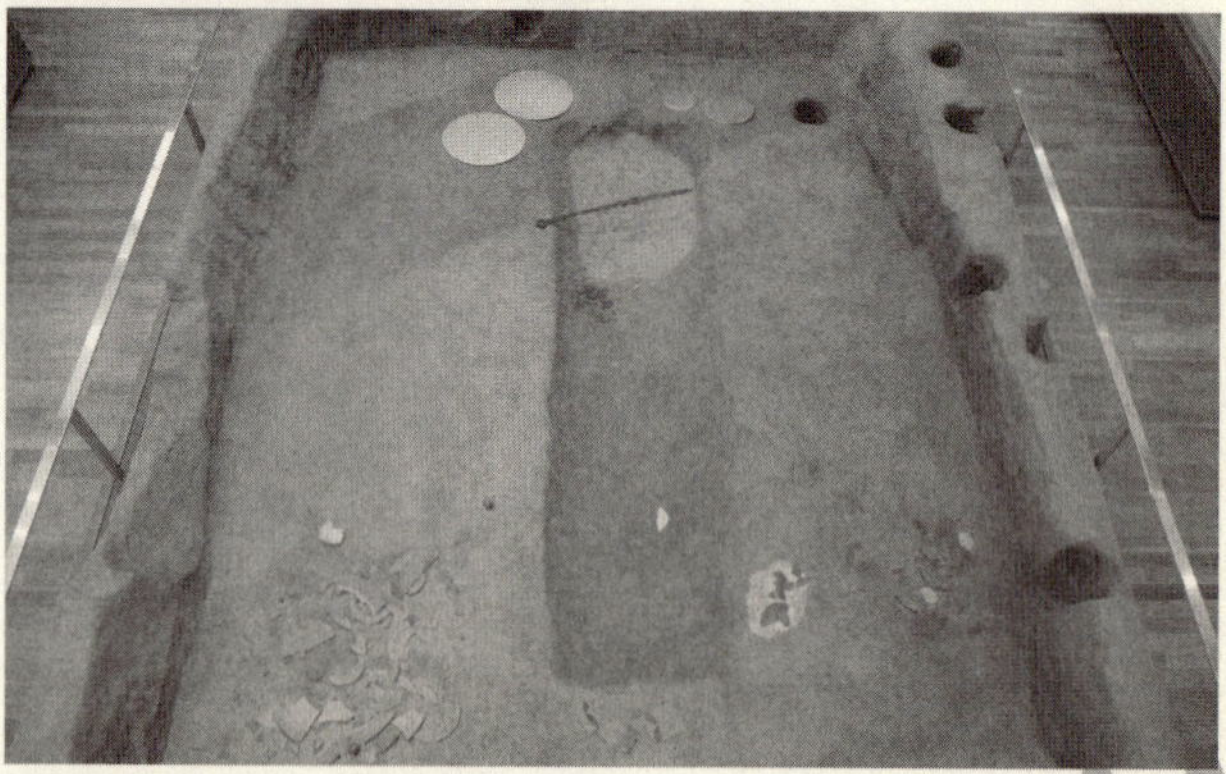

素環頭大刀 120cm（上町向原遺跡出土）

「幻想の邪馬台国」が誕生した

　では、なぜ「邪馬壹国（邪馬一国）」ではなく、「邪馬台国」が一般的に使われるようになったのだろうか。

　背景には「大和朝廷中心史観」というべきものの呪縛がある。

　最初に「邪馬壹国」を「邪馬台国の誤り」としたのは江戸時代の大学者・松下見林だった。「邪馬台」と改定することで、「大和」に合わせようとしたのだ。「邪馬台」が果たして「やまと」と読めるかどうかの検証もしないまま、「倭王とあるのだから、大和朝廷に決まっている」と判断した。

　そのほかの可能性は思いも寄らなかったのだろう。のちの邪馬台国論の迷走は、ここから始まった。

　見林に対抗意識を燃やしたのか、新井白石は「やまとの地名は九州にもある」と筑後の「山門郡」を探し出し、「邪馬台＝山門」説を唱えるようになった。近畿以外の地に邪馬壹国を持っていくのであれば、邪馬台に改定する必要はなかったはずだが、どういうわけか原文の邪馬壹には戻らず、終生、「九州やまと説」にこだわり続けた。

　2人とも実証的歴史研究の方法論を持っていなかったから、ある意味では仕方がなかったかもしれない。

驚いたことに明治期の白鳥庫吉、内藤湖南以降も、見林と白石の「邪馬台＝やまと」のスタンスを受け継いだまま、「邪馬台国は近畿か、九州か」をめぐって争われることになった。

こうした見解は現在の「邪馬台国論争」にも受け継がれている。原文の「邪馬壹国」を「邪馬台国」に改定したままで、不毛の議論が続けられているのだ。「なぜ邪馬台国でなければならないか」を証明した研究者は一人もいない。「『後漢書』には邪馬台国とあるから、魏志倭人伝の邪馬壹国も邪馬台国のマチガイだろう」といって、ことを済ませている。

魏志倭人伝には「邪馬台国」なぞ、なかった。活発に見える邪馬台国論争も、「幻想の邪馬台国」の上で繰り広げられている、あやういゲームでしかないのだ。

原文をいじらずに、邪馬壹国の場所を特定

そうした大和朝廷中心史観に冷水を浴びせたのが1971年に発行された古田武彦氏の『「邪馬台国」はなかった』（朝日新聞社）だった。

魏志倭人伝の原文を改定することなく、実証的なアプローチで「邪馬壹国」が博多湾岸にあったことを明らかにし、邪馬台国研究者に大きな衝撃を与えた。衝撃が大きすぎたのか、表立った反論は数えるほどしかない。「赤信号、みんなで渡ればこわく

ない」ばりに、学界としては無視を決め込んだわけだ。

親鸞の研究者として知られていた古田氏を「邪馬台国」研究に向かわせたものも、原文改定への疑問だった。

「こんなに簡単に、なんの論証もなしに、原文を書き改めていいものだろうか。わたしは素朴にそれを不審とした。この一点から、従来の『邪馬台国』への一切の疑いがはじまったのである」（『「邪馬台国」はなかった』）

邪馬壹国博多湾岸説の柱は簡単にいえば2本ある。

一つは（倭人伝に書かれた）帯方郡から邪馬壹国への部分里程の合計が総里程の1万2000余里になること、もう一つは、いわゆる三種の神器の考古学的遺物が糸島、博多湾岸に集中していることだ。『「邪馬台国」はなかった』発表後、40年近く経つが、この点に対する反論もない。

期待したいのは議論が活発に行われ、真実が明らかにされていくことだが（特に邪馬台国近畿説論者と古田氏の間で）、大半の研究者は邪馬壹国博多湾岸説を無視して、自家の学説を展開している。

幻の上に幻を積み上げても、しょせん幻でしかない。そう遠くない将来、「幻想の邪馬台国」は、あっけなく崩れていくのではないか。

厩戸皇子は存在したが聖徳太子は架空の人物だった!?

スーパー皇太子・聖徳太子は存在しない?

聖徳太子関係の資料を再検証！　用明天皇の皇子である〝厩戸〟という人物は実在したが、聖徳太子は架空の人物だった!?　隋に使者を送ったといわれる〝多利思北孤〟は、九州王朝の統治者だった!?

厩戸皇子はいたが、聖徳太子は実在しない?

有力王族の一人である厩戸(うまやど)皇子は実在したが、スーパー皇太子兼摂政としての聖徳太子はいなかった——近年、聖徳太子非実在説が有力になってきた。長らく一万円札の絵柄としても使われ、わが国でもっとも有名な人物といってもいい聖徳太子が存在しなかったというのだから、インパクトは大きい。

この説を唱えている大山誠一中部大学教授によると、「厩戸王という名の、一人の蘇我系の、独立した宮殿と氏寺を持てるほど有力な王族がいた」ことは確認できるが、「肝腎の聖徳太子自身の実在性は証明されていないのである。それどころか、伝えられた多くの史料に多くの疑問が出されているのである」（『〈聖徳太子〉の誕生』吉川弘文館）。

『日本書紀』には憲法十七条はじめ、小野妹子の唐、大唐（隋ではない）への派遣、官位十二階の制定など太子をめぐるさまざまなエピソードが収録されているが、それらは、いずれも書紀編纂者（ひいてはスーパー皇太子の存在が必要と考えた黒幕・藤原不比等）の捏造であると断定している。

聖徳太子関係の史料は矛盾だらけ

聖徳太子関係の史料に疑問点が多いことは以前から指摘されていた。たとえば、7世紀前半に成立した隋書俀（たい）国伝には「日出ずる処の天子、書を日没する処の天子に致す、つつがなきや」との有名な一節がある。隋に対して堂々たる対等外交を宣言したものと受けとめられてきたが、発信者が推古天皇、聖徳太子だとすると、さまざまな疑問が生じる。

第一に、「日出ずる処の天子」を名乗った人物は同じく隋書俀国伝によれば、「阿毎（あめの）多利思北孤（たりしほこ）」、よりふさわしい漢字で書けば、おそらく「天足矛」となる。「王の妻は鶏弥と号す」と書かれているから、れっきとした男性だ。ところが、当時の大和朝廷のトップは推古天皇、いうまでもなく女性だから、同一人物とは考えにくい。

第二に、だとすると、聖徳太子が「日出ずる処の天子」を名乗ったことになるが、書紀によれば、聖徳太子は、あくまで「皇子」「皇太子（皇位継承資格の第一位を意味する）」であって、一度も最高権力者になったことはない。

隋の使者は実際に俀国を訪れ、最高権力者にも会っている。ナンバー2である聖徳太子が天皇のふりをして隋の使者に会い、隋の使者がそれにだまされたと考える研究者もいるが、あまりにもバカバカしい。俀国がかつて卑弥呼、壹与らの女王が君臨した国であることは東アジア世界の常識といっていい。いまさら女性の最高権力者がいたところで、隋は不思議とは思わないだろう。

それやこれやで書紀の記載をすべて疑い、「聖徳太子は本当は天皇だった」とする説もあるが、聖徳太子が在位した事実を隠す必要（逆にいえば在位していない推古を天皇にする必要）があったとは考えにくい。

もし隠す必要があったとしても、一方でスーパー皇太子として、せっせせっせとPRに努めていることと矛盾するのではないか。

矛盾は推古紀と釈迦三尊銘文にも

矛盾は推古紀（日本書紀の推古天皇の代）と俀国伝だけではない。推古紀と法隆寺の本尊「釈迦三尊銘文」の間にも存在する。釈迦三尊像は美術史上に残る傑作で、飛

鳥時代の仏像（彫刻）の代表作といわれる。その光背には百九十六文字の銘文が刻まれ、聖徳太子の死亡前後の様子が描かれているとされてきた。

もっとも、そもそも銘文には上宮法皇とあり、聖徳太子の名前はいっさい登場しない。しかも書紀の聖徳太子、銘文の上宮法皇の死亡年月日が異なっている。

1　聖徳太子　推古天皇二十九年（619）二月五日没（日本書紀　推古紀）

2　上宮法皇　法興元三十二年（620）二月二十二日没（釈迦三尊銘文）

1年のずれがあるほか、亡くなった日も一方は二月五日、もう一方は二月二十二日。同一人物とはいいがたい。一方（特に書紀）のミスとされることが多いが、書紀が編纂されたのは聖徳太子が亡くなってから1世紀後。これほど有名な人物の死亡年月日が、わずか1世紀でわからなくなってしまうものだろうか。

金印以来、連綿と続く同一王朝

わが国古代史学会の最大のタブーは「大和朝廷一元史観（はるか昔から大和朝廷が日本の大部分を支配していたと考えるもの）」を疑うことだ。いまや学説ではなく、信念と化しているので、それに反することを述べるのはけっこう難しい。

ただ、「大和朝延一元史観」のワクのなかで考えていると矛盾だらけの史料も、ひとたび「大和朝廷に先在した倭国＝九州王朝」という見方を導入すると、たちまち矛盾は解消する。聖徳太子関係の史料も同様だ。

隋書俀国伝には次のような記述がある。

1　漢の光武のとき、使いを遣わして入朝し、自ら太夫と称す
2　安帝のとき、また使いを遣わして朝貢す、これを倭奴国と謂う
3　女子あり、卑弥呼と名づく

つまり、タリシホコが治める俀国は漢の光武帝に「漢委奴國王」の金印をもらった委奴国、漢の安帝に生口（せいこう）（奴隷）160人を献じた帥升（すいしょう）の倭国、卑弥呼の倭国の流れをくむ国、すなわち連綿と続く同一の王朝であるといっているのだ。

中国の史書に登場する倭国のトップは次の9人だが、彼らの名前は、だれひとり古事記や日本書紀には登場しない。

帥升　卑弥呼　壹与　倭の五王（讃・珍・済・興・武）

阿毎多利思北孤

これだけでも、倭国が大和朝廷でなかったことは明確だ。しかも「邪馬台国」の項目で見たように、倭国には卑弥呼と壹与という、海外にも名前の知られた女帝がいた。一方の大和朝廷の場合、推古帝に至るまで女帝はいなかったことになっている。だからこそ、書紀では卑弥呼と壹与にあてるため、神功紀を独立させたわけだが、それでも「一人」足りないのだ。

兄弟で統治する特異な政治形態

俀国が九州王朝である証拠は特異な政治形態からもうかがわれる。俀国伝には、「(俀国の)使者言う、『俀王は天を以て兄となし、日を以て弟となす。天、未だ明けざる時、出でて政（まつりごと）を聴き跏趺（かふ）して坐し、日出ずれば、すなわち理務をとめ、云う我が弟にゆだねんと』と」とある。

俀国は一種の兄弟統治の形態をとっており、兄が呪術・宗教面、弟が政治の実務面を担当しているというわけだ。中国では見られない形態だから、隋の文帝が「意味なし」と吐き捨てたのも無理はない。

しかし、俀国の歴史のなかでは兄弟執政は珍しくない。魏志倭人伝にも「男弟あり、佐(たす)けて国を治む」と書かれているように、卑弥呼の時代も弟が統治を補佐した。しかも、卑弥呼が呪術面を、弟が実務面を担当したようだから、タリシホコ兄弟と同じといっていい。宗教と政治の役割分担。兄弟統治など、かけらほども見えない大和朝廷とは、まったく異なっている。

ちなみに、跏趺は仏法用語で、「結跏趺坐(けっかふざ)」の略。心を集中する際の仏教者の基本的な姿勢といってよい。釈迦三尊像の中央の釈尊像も結跏趺坐の姿勢をとっている。

なお、俀国の「俀」は素直でないの意。倭国自ら、この国名を名乗ったとは思えないから、国書には「大倭国（もしくは大委国）」と記載されていたのを隋が侮蔑して俀に改めたのではないだろうか。

深い仏法・中国古典に対する理解

俀国の仏法・中国古典に対する理解は相当に深い。「阿毎多利思北孤」は自称だと思われるが、仏典に頻出する佳字が使われている。「北」「孤」は天子にふさわしい文字だ。

最初の3文字は「アメダ」と読めるが、仏典に登場する「阿弥陀仏(あみだ)」「弥勒菩薩(みろく)」

にかけたのかもしれない。弥勒菩薩の別名は「阿逸多」、字面も似ているし、逸の字の「しんにょう」をとった「阿免多（あいった）」は「アメダ」と読むことができる。

タリシホコは浄土三部経と法華経に特に興味があったのではないか。阿弥陀仏は浄土三部経に説かれた仏だし、弥勒菩薩は、さまざまな経典にも登場するが、釈迦の対告衆（対話の相手）を務めた法華経こそ晴れ舞台といっていい。タリシホコは自らを菩薩の化身と任じていたわけだ。自身を「海東の菩薩天子」と見なしていなければ、隋の皇帝に「海西の菩薩天子」と呼びかけはすまい。

そうすると、釈迦三尊銘文の上宮法皇もタリシホコを指す可能性が高いことがわかる。銘文の冒頭は次のようになっている（原文は漢文）。

法興元三十一年（六二一）、歳次辛巳十二月、鬼前太后崩ず。

明年（六二二）正月二十二日、上宮法皇、枕病してよからず。

干食王后、よりて以て労疾し、並びに床につく。

時に王后・王子等、及び諸臣とともに、深く愁毒をいだき、共に相発願す。

「法皇」は仏法に帰依した天子を意味する造語だろう。仏法に造詣の深い天子でなければ、法皇は名乗れない。その他の「太后＝天子の母」「王后＝王の正夫人＝皇后」も天子に関連する用語だ。天子でなかった聖徳太子とその母、妻に使用してもいい言葉ではない。

実際に現物を見るとわかるが、「鬼前太后」の「鬼」の字にはツノがない。この場合の鬼は「悪鬼」ではなく、「善鬼」を意味する。漢字を自在に使いこなしているわけだ。

法興という年号の三十一年、上宮法皇の母・鬼前太后が亡くなった。翌年一月には上宮法皇自身も病を得、看病疲れからか、王后も床についてしまう。そこで、王后・王子・諸臣が法皇と王后の快癒（死ぬことが定められているのなら、浄土・妙果に昇ること）を願って釈迦三尊像をつくることにした。残念ながら王后は二月二十一日、法皇も翌二十二日に亡くなられたが、願に沿って六二三年に完成したのが、この三尊像であると記載されている。

どうやら法皇が病を得た時点で不治の病であることが本人にも周囲にも、わかったようだ。銘文中に「若し是れ定業にして、以って世に背かば、往きて浄土に登り、早く妙果に昇らんことを」とあるが、「往きて浄土に登り」が極楽浄土への往生を説く浄土三部経、「早く妙果に昇らんことを」は「凡夫即極」を説く法華経の教えを表現したもの。死を覚悟していたことがわかる。格調高い文章といい、内容といい、俀国の仏法理解は相当なものだ。

完成後、釈迦三尊像は九州の大寺院におさめられたと思われる。やがて俀国は白村江（はくすきのえ）の大敗をきっかけに滅亡する（権勢を誇ったタリシホコの時代から、わずか半世紀後に滅亡するのは意外な気もするが、あまりにも偉大なタリシホコの死が倭滅亡への転回点になったのかもしれない）。法隆寺が焼失後に再建された際、釈迦三尊像は新・法隆寺の本尊とすべく九州から移された。

ただ、この時点では聖徳太子と関連づけるつもりだったかどうかはわからない。先に搬入され、聖徳太子伝説が生じた段階で、釈迦三尊像と聖徳太子を結びつける「操作」が行われた可能性もある。いずれにせよ、「天寿国繡帳（しゅうちょう）」『上宮聖徳法王帝説』などは聖徳太子伝説が形成されてからつくられたものと考えられる。死亡年月日を釈迦三尊像に合わせているからだ。

年号を持たない天子などいない

光背銘でもっとも注目すべきは「法興」の元号だろう。俀国は大和朝廷以前から自前の年号を持っていた。そもそも年号も持たない「天子」など考えることができない以上、当然といえば当然なのだが。

『伊予（いよ）国風土記』の逸文にも「法興六年十月歳在丙辰、我が法王大王、恵総法師及び葛城の臣とともに、夷与村に逍遥し、正に神井を観る」と「法興」の年号が使われている。

どうやら上宮法皇は伊予の温泉に湯治に行ったらしい。従来は、これも含めて「私年号（個人が勝手につくった年号）」と見なされてきたが、（上宮法皇が聖徳太子だとすれば）「ナンバー2が使用した私年号」という奇々怪々なケースとなってしまう。ありえる話ではない。

聖徳太子とタリシホコ＝上宮法皇が別人だとすると、なぜ聖徳太子というスーパー皇太子が捏造されなければいけなかったかは自然と明らかになる。日本書紀の大義名分は「日本列島の中心的権力は大和朝廷以外にない」というものだ。

ところが、すでに7世紀初頭に成立した隋書には日本列島にタリシホコという名の最高権力者がいたことが明確に書かれている。

同時期の大和朝廷のナンバーワンは推古女帝だった。大義名分を押し通そうとすれば、タリシホコにあたる「最高権力者」をでっちあげなければいけない。本来なら天皇にしたいところだが、男性と女性では違っていることが明白。そこで皇太子であったかどうかもはっきりしない厩戸皇子が、ナンバー2のスーパー皇太子として登場することになったわけだ。

本項は古田武彦氏の学説を基にしているが、この「俀国＝九州王朝」説を前提にすると、聖徳太子問題は驚くほど合理的に説明できるといえるだろう。

※大山誠一氏の『〈聖徳太子〉の誕生』『聖徳太子伝説　斑鳩の正体』（作品社）などには、先行学説として古田氏の説は取り上げられていない。

徳川家康、秀吉の策を利用して大坂城を葬る

大坂城攻略法を家康に教えたのは秀吉だった！

古今に名高い大坂の陣。この戦さを分けるカギとなったのが、徳川家康による大坂城の堀の埋め立てである。家康は豊臣家を追いつめるためにあらゆる謀略を使ったが、大坂城攻略法を教えたのは、実は生前の秀吉その人であったとされる。

大坂城必勝攻略法？　生前の秀吉、家康に得々と語る

戦国最後の勝利者・徳川家康は戦さ上手で知られる。一部では野戦が得意で城攻めは不得意、との評価もあるが決してそうではない。武田勝頼との戦いでは、重要拠点だった長篠城（愛知県南設楽郡）を策略で落とし、堅城として知られた遠江高天神城（静岡県掛川市）も見事な攻囲戦の末に落城させている。

ただ、信州上田城（長野県）攻めで、2度にわたって知将真田昌幸に大敗を喫した（家康は出馬していない）ことがあまりに喧伝されている上、対比されがちの豊臣秀吉が史上最大の城攻め名人だったことで割を食っている感があるようだ。

秀吉、家康両者の城攻め資質を示すようなこんなエピソードがある。

生前、秀吉は大坂城で家臣を招いて酒宴を開いていた。まさに天下人として絶頂期の秀吉は家康らにこんな問答を仕掛ける。「もしこの城を攻めるとすれば、どう攻める」。

家康らは返答に窮した。秀吉は得意顔で話す。「この城は力攻めでは絶対に落とせない。落とすには二つの方策がある」。その作戦とは一つが持久戦にした上での兵糧攻め。秀吉得意の戦法である。もう一つが「いったん和睦に持ち込んでから堀を埋め、その後再び攻撃する」という策であった。家康らは秀吉の才覚に感心することしきりであったという。

生涯を賭けた「三国無双」の城。謀略で堀を埋めた家康

大坂城は城攻め名人秀吉が丹精を傾けて作った天下一の城である。現在も大阪市のシンボルである大阪城は、もと石山本願寺と寺内町があった地に築城された。1585年に完成した天守閣は、外観5層、内部は6階となり、石垣の中の2階を加えて計8階という構造である。これは信長が作った安土城より1階多い。

瓦には金箔がふんだんに用いられ、城の内部には有名な組み立て式の「黄金の茶室」はじめ、障屏画など豪華な意匠が施された。初めて大坂城を訪れた大友宗麟（そうりん）は

「三国無双」と称えたという。

秀吉は生涯を賭けて大坂城の補強工事を進める。二の丸、三の丸、総構え、三重の堀と運河に囲まれた堅固な豊臣大坂城が完成したのは慶長三年（１５９８）、秀吉が死んだ年の話である。我が子秀頼の身を案じていたのであろう。

秀吉はもともと自分の才能を誇る癖があり、三木（城）の干し殺し、鳥取（城）の餓え殺し、高松（城）の水攻めという中国侵略戦を自画自賛し、「太刀も刀もいらず」と得意げに語ったという話も伝わっている。大坂城攻略法を家康らに明かしたのは事実かもしれない。もっとも、大坂城は平城（ひらじろ）であり、周囲を取り巻く堀が防御の要であることは明らかであった。秀吉でなくとも家康ほどの武将ならば、堀対策が攻略の決め手となることは最初からわかっていたはずである。

慶長十九年（1614）、家康は大坂冬の陣で大坂城に攻め込むが、予想通り巨大な堀に苦しんだ。家康は十二月に和議に持ち込み、豊臣方に口頭で「惣堀（そうぼり）（外堀）を埋める」ということを了解させる。惣堀とは城は無論城下の町をも守っている全長8キロの堀である。対等な和議となったので豊臣はこれを了承したが、家康は「3歳の子供でも容易に行き来できるようにせよ」と指令し、二の丸、三の丸の内堀まで埋めた。

抗議する豊臣方に家康は「奉行が〝総〟堀と勘違いしたようだ」と子供のような言い訳をした。天下の堅城はみるみる丸裸にされ、「本丸ばかりにて、浅ましく、見苦しき体」（『本光国師日記』）となった。

翌年三月、家康は秀頼の国替えを通告するなど再び豊臣方を挑発。これに激怒した豊臣方との間で大坂夏の陣が火蓋を切った。

大坂城に頼む堀はなく、合戦は家康の圧勝。大坂城は崩れ落ち、豊臣家は滅亡する。家康は乱世に終止符を打ち、天下泰平の世を導いたのである。堀埋めの悪名と引き換えに。

黒船来航にも影響を及ぼした！

シーボルトはスパイだったのか

幕末史に名を刻む異国からの使者、シーボルト博士。長崎・出島でオランダの医学を伝えるかたわら、鳴滝塾で高野長英ら俊才を育てた人物として知られる。彼の日本研究は動植物から風俗まで多方面にわたり、著書『NIPPON』で欧米列国に知られざる日本の姿を伝えた。だが、彼は「シーボルト事件」で幕府にスパイの烙印を押された危険人物でもある。一体シーボルトとは何者だったのか。

医学者、植物学者、民俗学者、音楽家……その実体は!?

2003年1月、日本の音楽史に関する驚くべきニュースが伝えられた。幕末のオランダ商館医、フィリップ・フランツ・フォン・シーボルト直筆の楽譜が子孫の家から発見されたのだ。

楽譜は日本の音楽の旋律を書き留めたもの。彼が作曲した「日本のメロディー」の原版と見られ、シーボルトが日本の音楽を初めて西洋に紹介した功績を裏づけるものとなった。なお、彼はピアノを初めて日本に持ち込んだ人物でもある。

医学者、動植物学者、民俗学者、そして音楽家。彼の人物像はあまりに大きい。仮にそこに「スパイ」という肩書きがあったとしても、それとて巨人・シーボルトを知る手掛かりの一つにすぎないと思われる。

――19世紀初頭、ナポレオン戦争で疲弊していたオランダは、日蘭貿易をさらに強化する道を模索していた。オランダは日本の国土、産物の総合的な調査をするため、自国人でなく、博学気鋭のドイツ人医師シーボルトに白羽の矢を立てたのである。

文政六年（1823）八月、シーボルトはオランダ商館づきの医師として長崎出島に来日。若きシーボルトは使命感に燃えていた。当時彼が書いた報告書には「この国における万有学（科学研究）的調査の使命を帯びたる外科少佐ドクトル・フォン・シーボルト」との署名が見られる。

シーボルトは出島で日本人の治療も行い、ほどなく楠本滝を妻として同地に深く根を下ろす。日本ではオランダ人として振る舞い、ドイツ人としての正体は明かさなかった。

学究肌のシーボルトはたちまち日本研究の虜になった。折から幕府の蘭学に対する理解も深まっていた時期であり、翌年、彼は出島を出て鳴滝（長崎市）で塾を開くことを許された。異例の措置である。長崎奉行もシーボルトの目的を知りながら便宜を図ったフシもあり、両者は良好な関係を築いていたといえる。

鳴滝塾でシーボルトは高野長英、伊東玄朴、美馬順三ら多くの弟子を教える一方、

	シーボルトの生涯（年齢）	日本・世界の動き
文政6(1823) 8月	出島駐在の医師として長崎へ初来日(27)	米、モンロー宣言 (欧州との相互不干渉)
同9月	18 歳の楠本滝とめぐり会い恋仲に	
文政7(1824)	長崎郊外の鳴滝に塾を開く (28)	勝海舟誕生
文政8(1825)	鳴滝塾で高野長英、伊東玄朴らを教える	異国船打払令発布
文政9(1826)2月	江戸参府へ。4 月に江戸着 (30)	
同4月	最上徳内、高橋景保と接触。景保より日本地図を得る	
同7月	7 月に長崎帰着	
文政10(1827)5月	滝との間に楠本イネ誕生 (31)	イギリスが小笠原諸島の領有を宣言
文政11(1828)1月	高橋、間宮林蔵に手紙を送る (32)	西郷隆盛誕生
同	間宮が手紙を幕府に提出	
同10月10日	シーボルト事件発生。景保は捕縛	
同11月10日	シーボルトへの尋問開始	
文政12(1829)	日本追放を申し渡される。12 月に離日 (33)	ギリシャが独立を宣言
天保元(1830)	オランダに帰着 (34)	高橋景保獄死
天保3(1832)	集大成『NIPPON』第1分冊出版(36)	ロシアがポーランドを併合
天保10(1839)		蛮社の獄。高野長英は 1850 に死去
1840 ～ 1842		アヘン戦争
弘化元(1844)	開国を勧めるオランダ国王の将軍宛親書を起草 (48)	
嘉永6(1853)	ペリー艦隊に武力解決を諫める手紙を送る (57)	6 月、ペリー艦隊（黒船）浦賀に来航
安政元(1854)	『Nippon』出版完成 (58)	日米和親条約締結
安政5(1858)	追放令を解かれる (62)	安政の大獄
安政6(1859)	30年ぶりに来日。滝、イネらと再会(63)	吉田松陰、橋本左内ら斬首
慶応2(1866) 10月18日	ミュンヘンで死去 (70)	薩長同盟成立。慶喜が15代将軍に
慶応3(1867)		大政奉還。王政復古の大号令

彼らに日本研究に関する論文を提出させた。高野らのレポートは極めて優秀で、内容も動植物研究、日本史から茶の製法までバラエティに富んだ。

「日本人は勤勉で優秀な民族だ」とシーボルトは舌を巻き、これらを貴重な資料とした。

禁制品の日本地図が落とし穴に

文政九年（1826）、シーボルトはまたとない日本研究のチャンスをものにする。オランダ商館長が将軍に宝物を献ずる「江戸参府」の同道を許されたのだ。道中、彼は植物、動物の採集に余念がなかった。江戸に着いたシーボルトは蝦夷地研究家・最上徳内と幕府天文方・高橋景保と面会。この時、景保からもらった日本地図が彼の運命を変えた。

シーボルトはロシアの地図と引き換えに景保から日本地図を受け取ったのだが、この地図が幕府の超極秘資料だった。伊能忠敬が作成し、現在でも精度の高さを評価される「大日本沿海輿地全図」だったのだ。

文政十一年正月、シーボルトは痛恨の失策を犯す。

彼は蝦夷の探検家として知られた間宮林蔵の存在を知り、蝦夷で採取した植物を送ってもらおうと手紙を送った。ところが、当時個人と外国人との個人的な接触は御法

度だったため、林蔵はこの手紙を封も切らずに勘定奉行に提出する。

シーボルトは景保にも同時に手紙を送っていたが景保はこれを届けていなかった。これでシーボルトと景保の密接な関係はおろか、日本地図が漏洩していることも幕府の知るところとなってしまう。

十月、景保は捕縛され、十一月にはシーボルトの尋問が始まった（日本地図は取り上げられたが、シーボルトは複写済みだった）。

この事件に連座してシーボルトの知人、弟子ら50数人が捕縛され、厳しい調べを受けた（事件の発覚は「乗船が難破し、積み荷から禁制品持ち出しが発覚した」という有名な話があるが、現在この説は疑問視されている）。

シーボルト自身は知らぬ存ぜぬを押し通し、景保や弟子たちをかばい続けた。だが、1年拘禁された後、結局シーボルトは日本追放の処分を受ける。文政十二年（1829）十二月、彼は失意のうちに日本を去った。

オランダに戻ったシーボルトはライフワークとなる『日本』はじめ多数の日本研究書の執筆に没頭する。また、オランダ国王を通じ日本の開国を訴えた。シーボルトの書は米提督ペリーも絶賛することになり、彼に日本の予備知識を与えることになる。

嘉永六年（1853）六月、ペリーは浦賀に来航して開国を要求。幕府に1年の猶予を与えるが、武力解決を否定し、猶予を与えるようペリーに進言したのはシーボルトだったともされている。いずれにしても大著『日本』抜きで黒船来航は語れない。

追放30年後、「日本を愛したスパイ」は処分を解かれ、再び日本の土を踏むことになる。日本が鎖国から開国、維新への大転換を果たした過程で彼が果たした役目は小さくない。

ただのスパイでもなく、ただの学者でもなく、定まらぬ人物評価の中で彼は今後も生き続けるのであろう。

自ら確立した司法制度で梟首にされた明治維新の立役者

弁護士もつけられず即日処刑！江藤新平死刑判決の真相

明治維新の立役者でありながら、佐賀の乱の首謀者にまつりあげられ、悲惨な最期を遂げた江藤新平。近代国家の建設に尽力した江藤が、なぜ反乱者の烙印を押され「さらし首」という死に方をしなければならなかったのだろうか。

無名の下級藩士の子が桂小五郎らと出会い維新の功労者に

明治維新は、幕末の動乱期を勝ち抜いた薩長土肥(どひ)の有力士族たちによって成し遂げられたといっていい。肥前(ひぜん)・佐賀藩出身の江藤新平は、どちらかといえば大器晩成型で、戊辰(ぼしん)戦争の直前まではまだ無名に近い存在だった。

江藤新平は佐賀藩の下級武士の息子として生まれ、幼い頃から向学心に燃える少年で、16歳で藩校に入学、その後、枝吉神陽(えだよししんよう)という国学者や、京に出て桂小五郎らと出会い、少しずつ頭角を現していく。

明治新政府が樹立されると、維新の功労者として佐賀から中央政界に進出。明治五年（1872）に現在の法務大臣に相当する司法卿に就任している。その間、明治新政府の国政の基本方針を立案し、廃藩置県や学制の公布、司法省設置など、わずか数年間に多くの政策を具体化させている。

なかでも人民の権利尊重を理想とした司法制度の確立には、とりわけ力を注いだ。全国に裁判所を創設するなど近代的な司法体制と、欧米流の司法、立法、行政の三権分立に基づいた国家建設を訴え、実現しようとした人物でもある。

江藤新平
（写真提供・国立国会図書館）

しかし皮肉なことに、江藤がつくりあげた司法制度は、一方で行政の不正や既得権益の実態を暴き、政官界の恥部や知られざる一面にも光をあてる結果にもなっている。それがために、江藤自身が政府部内で疎んじられる存在になっていく。

明治六年、征韓論（せいかんろん）を端緒とする中央政界での政争に敗れ、江藤が下野することになるのは、まさにそのことと無関係ではない。

そして、各地で旧士族の不満が高まり、農民一揆が起こるなか、佐賀の乱の首謀者として裁かれ、処刑される運命をたどる。それも首をはねられ、それを見せしめのために「さらし首」にするという無惨な最期であった。

江藤追い落としを狙って仕組まれた不当裁判!?

江藤新平は、明治初期のごく短い期間の中で参議という大臣クラスの地位にまで上りつめている。それだけの実力者が、なぜさらし首にされなければならなかったのか。それは今もって大きな謎とされている。

実際、処刑までの過程を見てもあまりに理不尽なことが多い。一つは、江藤自身の「裁判」である。人民の権利尊重による司法制度の確立に努めてきた江藤が、自身の裁判では弁護人もつけられず、上訴も認められなかった。今なら「不当裁判」以外のなにものでもない。しかも、府県レベルの裁判所判決では、単独で「死刑」判決を下せない規定にもかかわらず、死刑が宣告され、判決後、直ちに処刑までされている。自ら法の正義を追い求めてきた江藤は、法廷で命を懸けて戦うつもりだったに違いない。自らが築き上げた法にのっとって裁かれるならまだしも、法治国家の理念をまったく無視した裁判で命を奪われようとは、おそらく死んでも死にきれない気持ちであったろう。

この話だけ聞けば、誰もが「裁判は形式的に行われた」にすぎず、はじめから江藤の追い落としを狙って仕組まれたものではないかと思うはずだ。仮にそうだとしたら、それを仕組んだのは誰なのか。そして目的は一体、なんだったのか。

既得権の侵害を恐れた薩長の陰謀!?

そもそも政府内部で、江藤の存在が疎まれるようになったのは、明治六年九月、2年近くにわたって欧米を訪問中だった岩倉使節団が帰国してからだ。使節団に加わっていた伊藤博文は、帰国すると木戸孝允(たかよし)らと会合し、当時係争中のある裁判についてしきりに話し合っていた。

その裁判は、京都の豪商が、政治の中心が東京に移ったために東京に店を移転したい。ついてはその許可を京都府の参事に求めたがなかなか出してもらえない。それは不当である、というものだった。

参事は、手広く事業を営んでいる豪商が京都からいなくなると資金源が絶たれる。それを恐れて移転許可を出さなかった。参事は、長州出身で木戸の懐刀であった。この裁判の結果「移転を認めないのは不当である。即刻認めよ」と司法省に通達したのが江藤新平だった。その結果を受けて参事が木戸に泣きついたのである。

これは氷山の一角であり、江藤が確立した司法制度によってこれまでの既得権や利権が断たれるような係争事件が今後まだまだ起こりうるかもしれない――それを恐れた伊藤は、江藤を参議からはずし、代わって大久保利通(としみち)を抜擢するよう働きかけた。

大久保もまた、欧米視察中に江藤がめきめき力をつけていたことを苦々しく思って

いた。そもそも近代国家建設のプランを描いたのは自分であって江藤ではない。それが今や民が官を訴える制度までつくってしまった。どう考えてもやりすぎだ。

こうした政府中枢の要人たちの思惑が絡み合い、江藤はしだいに孤立し、包囲網が形成されていく。そして西郷隆盛らが提唱した「征韓論」をきっかけに政争が起こると、大久保らは政変へ発展させ、これに敗れた江藤を下野させることに成功する。

下野から半年後、当時沸き起こってい
た旧士族の反乱や農民一揆を鎮めるために、大久保利通を全権とする政府軍を現地に派遣。ここで江藤は、佐賀の乱の首謀者にまつりあげられ、冒頭の結末へとつながっていくのだ。

日本、ドイツを手玉に取ったスパイ
ゾルゲ事件の全貌

第二次世界大戦ただ中で、日本、ナチスドイツを手玉に取った男、それがリヒャルト・ゾルゲである。表向きはプレイボーイで鳴るドイツの新聞記者、しかしその実態はソビエトが差し向けた凄腕のスパイだった。００７も服部半蔵もかなわない史上最強のスパイは実在した！

ドイツ兵からソビエト共産党員への転身

「世界大戦は、私の全生涯に深刻な影響を与えた。私はこの戦争だけで立派に共産主義者になったと思う」（『ゾルゲの獄中手記』より）。

旧ソビエト連邦・アゼルバイジャン出身のリヒャルト・ゾルゲは、19歳で第一次世界大戦を経験している。ドイツ兵士だった彼は前線で負傷。ベッドで苦しみながら、永遠に侵略を繰り返す列強の帝国主義に疑問を持つようになる。「人はいったい何千年、戦争を繰り返せばいいのか！」（同）。

マルクス、エンゲルスの著書を貪るように読んだ彼は、平等な理想社会をめざす共

年月	年齢	ゾルゲの生涯	主な世界史トピック
1895	0	アゼルバイジャンでドイツ人の父、ロシア人の母のもと生まれる	第1回近代オリンピック（1896）
1898	3	ゾルゲ一家、独ベルリンへ移住	明治天皇崩御、大正天皇即位（1912）
1914	19	高校を中退し独陸軍に志願	第一次世界大戦（1914～18）
1916	21	負傷を機に共産主義に目覚める	ロシア革命（1917）
1919	24	ハンブルク大学卒業、独共産党に入党	中国国民党が発足
1924	29	モスクワへ。翌年コミンテルン（国際共産党）所属に	スターリン、ソ最高実力者に（1929）
1930	35	上海で諜報活動。尾崎秀美と出会う	満州事変（1931）
1933	38	ドイツの新聞『フランクフルター・ツァイトゥング』特派員として来日。ラムゼイ諜報機関の設立に取り掛かる	日本、国際連盟を脱退
1934	39	奈良で尾崎と再会。生涯のパートナーに	ヒトラー、独総統に。二・二六事件（1936）
1938	43	尾崎、近衛内閣の嘱託になる	第二次世界大戦（～1945）
1940	45	モスクワにドイツのソビエト侵略準備を報告	日独伊三国軍事同盟
1941	46	日本のソ連侵攻は「問題外」と報告。10月18日検挙される	真珠湾攻撃、太平洋戦争始まる
1944	49	11月7日尾崎とともに処刑	独、日が無条件降伏（1945）

産主義に目覚める。ロシア革命が勃発し、世界全土に反帝国主義の嵐が吹き荒れる頃だ。若きゾルゲはモスクワに赴き、ソビエト共産党に身を投じていく。

１９３０年、ゾルゲは国際舞台での諜報活動を命じられる。この頃、ソビエト最大の敵はファシズムが台頭するドイツだったが、ゾルゲは極東担当を志願した。強国として台頭してきた日本、中国の情報があまりに少なかったためである。

ゾルゲはドイツの新聞「フランクフルター・ツァイトゥング」の記者となり、この肩書きを利用して日本、上海に赴いた。ここで発生したのが満州事変である。

中国への侵略を開始した日本は、今や世界の台風の目——日本の対ソ政策を深く探る必要性を痛感したゾルゲは再来日。彼は東京に居を構え、記者としての肩書きを利用してドイツ大使館にも接近する。駐日大使オットと懇意になったゾルゲは、ナチス党にも入党。諜報機関の足掛かりを築いていく。

片腕、尾崎と結託し重要機密を入手。ナチスを敗北に追い込む

ゾルゲは日本でのスパイ機関設立に力を注ぐ。やがて彼を含め5人の主要メンバーが東京に集結した。この組織はゾルゲのコードネーム（仮名称）が「ラムゼイ」であったためラムゼイ機関と呼ばれる。

組織の下には下部組織もあり、その後の内務省記録では諜報団の総勢は17人だったとされる。なかでもゾルゲの片腕として活躍したのが尾崎秀実（ほつみ）だ。

尾崎は中国の左翼運動の支援者で、元朝日新聞記者。１９３８年には近衛文麿（このえふみまろ）内閣の嘱託となった超エリートだ。彼もまた共産主義に傾倒する男であり、ゾルゲとは上海で知り合い肝胆相照らす仲となっていた。尾崎は日ソの不戦を目標として機関に入り、政界の重要機密を次々に提供した。

ゾルゲは強力な諜報網を武器に日独の貴重な情報をモスクワへ送る。１９４０年にはドイツの対ソ侵攻作戦の情報を入手し、直ちにモスクワへ打電。スターリンがこれ

を無視したため結果的には徒労に終わった（ソ連は大敗）が、信任は増した。

１９４１年６月、ソ連はゾルゲに「ドイツの対ソ戦争について日本の立場についての情報を報告せよ」との指令を送る。この頃ソ連は日本、ドイツ同盟に挟撃される形となっており、日本の動きは最大関心事だった。一方、日本はこの頃御前会議で米国と蘭英植民地への侵攻方針を決定しており、ソ連への侵略は構想外だった。

この超機密情報を尾崎から得たゾルゲは「日本の対ソ攻撃は問題外」と打電する。これを聞いたソ連は、満州との国境に配置していた兵力をヨーロッパへ移動させることができ、ヒトラー率いるドイツ軍を打ち破ることに成功した。この敗北によりヒトラーはモスクワ攻略を断念せざるを得なくなった。ゾルゲは日本とナチスドイツを翻弄し、ソ連の危機を救ったのだ。

絞首台に消えたゾルゲ

ゾルゲは８年にわたって日本を探り、約400件もの日本の政治、軍事情報をモスクワに提供した。しかし、1941年９月に日本の特高の知るところとなり、ゾルゲ、尾崎はじめ連座する人間が捕らえられた。摘発されたのは諜報員17人、情報提供者18人の35人にも上った。10月25日、容疑を認めたゾルゲは「俺は今までどこにも負けなかったが今度初めて日本の警察に負けた」と叫んだ。ゾルゲと尾崎には死刑判決が下り、1944年11月７日、最強のスパイは絞首台の露と消えた。大戦で日本、ドイツが敗れるのはこの翌年である。

名君・吉宗の後継者・家重の遺骨は女性のものだった!?

徳川幕府による隠蔽か 9代将軍・家重女性説の真相

奇行が目立ち、廃嫡の危機もあったという家重。近年、その遺骨が法医学者らによって調査され、新たな謎をつきつけた。それが、家重＝女性説だ！

実像が見えない第9代将軍・徳川家重

歴代の徳川将軍の中でもっともミステリアスなのが家重（いえしげ）であろう。

19世紀に編纂された江戸幕府の公式記録『徳川実紀』には「将軍になったあとも、朝会のほかは大奥で過ごされることが多く、側近の前にも姿をほとんど現さない」と書かれており、その人柄については触れられていない。

家重は8代将軍・吉宗の嫡子である。だが、名君だった父とは雲泥の差で、体格も性格も全く似ていなかった。

吉宗は180センチメートルもある堂々とした体型で、体力にも恵まれ鷹狩りなどの武芸を好む極めて男らしい将軍であった。有効な政策を積極的に取り入れることで幕府の財政を立て直し、「中興の祖」と呼ばれている。

しかし、家重は生まれついて体が弱く、若い頃から能や草花など美しく繊細なものを好んだ。幕政に関しては、田沼意次（おきつぐ）など優秀な側近に恵まれたため、失政はなかったが、特筆すべき点もない凡君とされる。

さらに言語不明瞭で、家重の言葉を聞き取れるのは側用人（そばようにん）・大岡忠光（ただみつ）だけであった。そのため家臣との対話はすべて彼が取り次いでいる。忠光が賢明であったから執政上の問題が起きなかったものの、小姓が2万石の大名に取り立てられたのは当時としても異例の出世といえるだろう。

家重は中奥（なかおく）で政務を取ることは少なく、幼い頃から大奥に入り浸って、酒と女色に溺れていた。姿も威厳があったとはいい難く、華奢な体つきなのは仕方ないとしても、髪を油で整えることを非常に嫌がったためいつも乱れており、ヒゲは伸ばし放題にしていた。残された肖像画では少し猫背で、顔を歪ませたように描かれている。

そして、日常生活が送れないほどではないが、歩行に困難があり、首を左右に揺らす癖があったという。

家重は頻尿を苦にして外出を嫌い、上野寛永寺や芝増上寺への参詣も、理由をつけては引き延ばした。苦肉の策として、参詣にあたっては簡易便所を9ヵ所も設置させ

ている。そのせいで、「小便公方」という屈辱的なあだ名がつけられた。

このように奇行が多い人物がなぜ、将軍に選ばれたのだろうか？

実は、家重は老中・松平乗邑によって廃嫡されかけたことがある。家重が武道や学問に取り組まなかったのに対して、弟の宗武は幼少の頃から聡明で、文武ともに優れていた。そのことは周囲もよくわかっており、乗邑は宗武の生母や6代将軍家宣の側室・月光院まで巻き込んで家重廃嫡運動を行った。

生来虚弱で、女と能に溺れたひ弱な兄と、誰が見ても優秀な弟。どちらを将軍に据えるべきだろうか――これには吉宗も苦悩したが、3代将軍・家光の例に鑑みて、個人の資質よりも長子相続の伝統が優先され、家重が将軍を継ぐこととなった。また、家重の子・家治（いえはる）が幼少時から剣術・槍術・鉄砲に秀で、さらに絵をよくし、将棋も強いという天才的な能力を発揮したため、吉宗に可愛がられ、将来の将軍候補と目されていたことも有利に働いた。

だが、家重の恨みは相当深かったようで、将軍に就任するとすぐに乗邑は罷免（ひめん）され、宗武も3年間の登城禁止処分を受けている。これは月光院の取りなしで赦されたものの、兄弟間には生涯埋められない確執が残った。

ちなみに家重が将軍になった後も吉宗は大御所として政治の実権を握っている。

家重は女性のように広い骨盤を持っていた!?

昭和三十三年（1958）に芝増上寺の将軍廟の改修工事にあたって、徳川家当主の協力により、埋葬されていた将軍と側室の遺体や遺品の調査が行われた。

このプロジェクトは、法医学者や歯科医学者など専門家によって1年半を費やした綿密なものであった。その調査の中心人物であった東京大学理学部名誉教授・鈴木尚（ひさし）氏は、家重が「アテトーゼ・タイプの脳性麻痺（まひ）」だった可能性があると言っている。

アテトーゼ型は知能に障害はないが、自分の意志とは無関係に別の筋肉が動く（不随意運動）という特徴がある。家重にはひどい歯ぎしり癖があったが、肖像画に描かれた顔の歪みもそのせいだと考えられる。また、頻尿や尿もれなどもアテトーゼ型にはよく見られる症状である。

この説だと家重の言語障害、歩行困難、頻尿などすべてに説明がつくのである。実際に家重の遺体の調査が始まると、その骨は完璧な状態で残っており、生前の姿を再現できるほどだった。

そうして復元された家重の姿は小柄で、意外にも端正な顔立ちだったという。

この調査では骨について詳細に検証されている。そこでわかったのは、家重の骨は基本的に細く、華奢なつくりであったということである。

特徴的なのは3ヵ所で、「下あごがV字型であったこと」「肩甲骨が歴代の将軍に比べて細いこと」「骨盤が女性の平均よりも広いこと」である。

小さくすぼめた口をおちょぼ口というが、家重のあごのラインはちょうどそれにあたる。当時の江戸の男性はがっしりしたあごと反っ歯が特徴なので、男性でV字型なのは珍しいという。

肩甲骨は性差が出やすい骨なのだが、ここも非常に繊細で女性的であった。

さらに骨盤は男性に比べて女性の方が広いものだが、家重の骨盤は女性と比べても幅広であったという。

女性説を裏付けるもうひとつの理由

そして、家重女性説が囁かれるには訳がある。

有名な「お幸の方座敷牢事件」を検証してみよう。お幸の方とは家重の子を産んだ側室である。彼女は家重の正室・比宮培子の侍女であったが、家重の寵愛を受け、次期将軍の生母として絶大な権力を握った。

だが、彼女の懐妊中に家重は新たな側室・お遊喜の方（お千瀬の方とも）と出会う。お遊喜の方の実父は吉原遊廓の名門・三浦屋の楼主の弟で、彼自身も店の経営にかかわっていた。そのためか、お遊喜の方は色里の影響を受け、唄や舞踊に才能を発揮した。家重は芸事が好きで、そんなお遊喜の方を片時も離さなかった。

お幸の方はこれに嫉妬し、なんとふたりが同衾しているところに押しかけ、家重を罵ったのである。激怒した家重は、お幸の方を座敷牢に閉じ込めてしまった。

この事件ではさすがに吉宗が家重を叱責し、お幸の方を座敷牢から出させたものの、その後、お幸の方が家重に顧みられることはなかった。そして、失意のなか33歳の若さで亡くなったのである。

この一件も、もし家重が女であったなら、将軍生母を座敷牢に監禁するという前代未聞の処置も説明できるという。つまり、将軍以外男子禁制の大奥で懐妊するとなれば、その相手は家重の側用人・大岡忠光しかありえない。彼だけは家重の言葉を伝えるために大奥へ入れたはずだからである。家重はそれに嫉妬し、事件をきっかけにお幸の方を冷遇したというのだが……。

家重がお遊喜の方を寵愛したのは、純粋にその芸に惹かれていただけで肉体関係はなかったのかもしれない。逆にお遊喜の方は家重の秘密を知った上で心の支えになったとも考えられる。色里育ちのお遊喜の方は様々な人生を見てきただろうから……。

また、言語不明瞭であったことも、声によって性別をわからせないためにわざとしていたという説もある。歩くときに体が揺れていたのは、胸をさらしできつく巻いているため苦しかったから。他出の際に便所をたくさん用意させたのも、女性である秘密を誰にも見られないようにするため。生まれついて体が弱いというのは、女性ならば毎月の生理のために具合が悪くなって当然だという。

〝越後の龍〟上杉謙信も女だった!?

こうなるとこじつけのようだが、実はかの戦国大名・上杉謙信にも女性説がある。

これは作家の八切止夫（やぎりとめお）氏が提唱したことで、急速に広まったものである。

謙信はあの時代にしては珍しく、生涯妻を娶らず、子供は全員養子を取っている。仏教の「女犯戒（にょぼんかい）」という戒律を守り通したのは、彼の生涯の大きな謎とされているが、これも女性であればなんの不思議もない。

毎月10日か11日に腹痛を起こし、出陣を取り止めたことさえある。月に一度の定期的な腹痛といえば生理日が考えられよう。また、戦場でも具足をつけず、身軽な姿であったという。これも体力のない女性であれば理解できる。それ以外にも、『源氏物語』や『伊勢物語』などの恋愛ものを好み、織田信長から源氏物語図屏風を贈られている。非常に女性的なセンスの持ち主であったのだ。

そして、もっとも重要な根拠となったのはその死因である。謙信は大虫という病気で死んだとされるが、これはしゃくの虫といって胸や腹が痛む病気。つまり更年期障害だというのである。

現在の学会では認められていないが、それも歴史のロマンなのだろう。

有名な歌舞伎演目『義経千本桜』では安徳天皇は女児の設定である。実は姫君であったが、清盛が男と偽って無理に即位させた報いを受けて平家は滅びたと説明されているのだ。江戸時代に作られた作品だが、これが大当たりとなり、『菅原伝授手習鑑』『仮名手本忠臣蔵』と並んで三大名作に数えられた。

もしあの有名人が女性だったら……と考えるのはいつの世も変わらないようである。

「見立外題尽義経千本桜渡海屋の段」
東京都立中央図書館所蔵

勘助も第4次川中島合戦も、長年、信憑性が疑われていた！

武田の軍師・山本勘助は実在したか？

隻眼の醜男で足が不自由という山本勘助は武田信玄に召し抱えられ、天才軍師として腕を振るった。しかし、彼を伝える史料は非常に乏しい。勘助は実在したのか、歴史家の間でも議論はいまだに分かれている。幻の軍師の正体はいかに。

齢51にして信玄との運命の出会いを果たした勘助

天文十二年（１５４３）、甲斐の武田信玄は仕官に訪れた山本勘助を見てこう言った。

「勘助は片目、体中の負傷で手足もやや不自由なようだ。色も黒く、これほどの醜男でありながら名声が高いのはよくよく優れた武将と思われる。百貫の知行では不足だろう（と言って二百貫を与えた）」（『甲陽軍鑑・品第二十四』）。

22歳の若き信玄と、51歳の勘助が運命的な出会いをする場面である。信玄は勘助という有能な人材を得たことで戦国大名として飛躍。勘助は以後、永禄四年（１５６

1）の第4次川中島合戦で死すまで知恵袋として腕を振るうことになるのだが――長く彼は架空の存在と見られてきた。

山本勘助の活躍を示す歴史的記録は江戸時代初期に作られた軍学書『甲陽軍鑑』以外、ないに等しい。もっといえば、実は第4次川中島合戦も具体的な記録は『甲陽軍鑑』以外にない。いってみれば、勘助の存在も有名なキツツキ戦法も『甲陽軍鑑』をどこまで信じるか、という話なのだ。

甲陽軍鑑は明治以降の戦国史研究で、その信憑性が疑われるようになり、勘助も虚構の存在とされてきた。例えば〝戸石崩れ〟と称される合戦の記録である。信玄の生涯で最大級の敗北であることが確認されているのに、甲陽軍鑑は「勘助の知略で勝利を得た」と記している。明らかな作為が多すぎたのだ。

実在を示す『市河文書』「名軍師」の信憑性は？

ところが、1969年に、勘助の実在を裏づける史料が発見されたことから事態は急変する。これは北信濃の豪族市河氏が保有していた『市河文書』という史料である。その文書の中に、信玄から市河氏に宛てた弘治三年（1557）の書状が見つかり、その中に「山本管助」という文字が記されていたのだ。

書状の内容は、上杉謙信と抗争中だった市河氏を信玄が励ますもので、末尾に「な

『甲陽軍鑑』江戸中期・写本。国立国会図書館所蔵

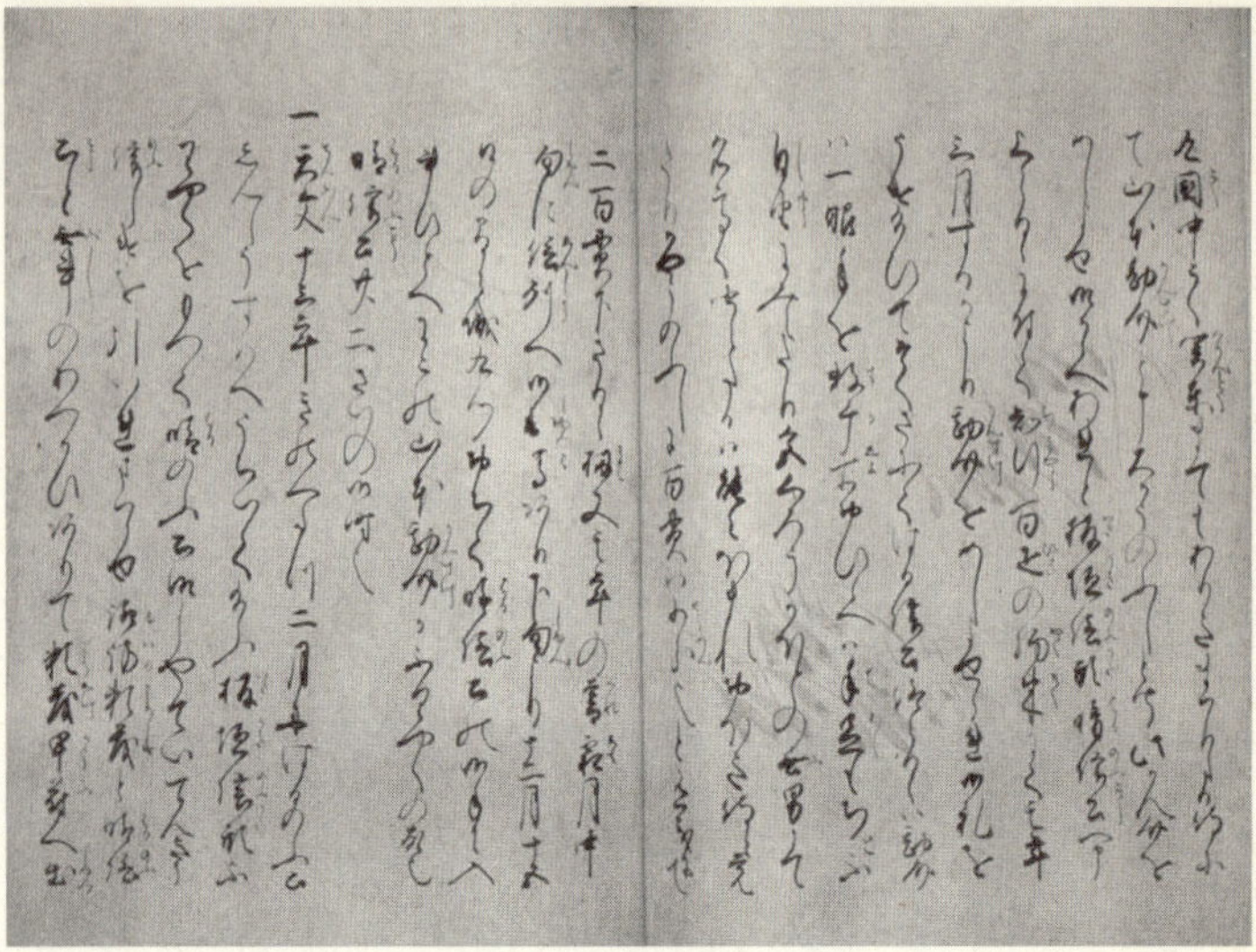

ほ（詳しくは使者の）山本管助口上あるべく候（口上で申し上げる）」と書かれている。使者とは単なる使い走りではない。特に武田の場合は相当な地位の者が務めていたため、この〝管助〟が有力側近であったのは間違いなかろう。

問題は管助と『甲陽軍鑑』の勘助が同一人物かどうか、である。実をいうと、研究者の間では市河文書とて決定打ではないのだが、やはり勘助は存在した、と考えざるを得ない。ただ、繰り返すが勘助の活躍は『甲陽軍鑑』にしか記されていないので、彼が本当に智謀に長けた名軍師だったかどうか、これは永遠の謎である。

第三章

恐ろしすぎる「怨念」のミステリー

百鬼夜行する魔都・平安京と陰陽師・安倍晴明

呪怨都市・平安京の誕生

疫病・飢饉が相次ぎ、政情が不安定だった8世紀末、桓武天皇は平城京から長岡京に遷都。気持ちを新たに国政を再建するはずであった。しかし、長岡京も平安の地にはならず、天皇は再遷都を決意。新都・平安京もまた百鬼夜行する魔都であったが、スーパー陰陽師・安倍晴明の登場で遷都難民状態に歯止めがかかる。魑魅魍魎と人間が併存する世界、それが呪怨都市・平安京の日常になった。

桓武天皇をたびかさなる遷都に駆り立てた怨霊たち

魑魅魍魎(ちみもうりょう)が跋扈(ばっこ)する深い闇をたたえた都――。『陰陽師(おんみょうじ)』のブーム以来、平安京にはそのようなイメージが定着してしまった感がある。

しかし、結果的に1000年の永きにわたって日本の中心として栄えた「都」であり、現在の京都はその壮麗な面影を都市の全域にわたって数多くとどめている。

その最初期にあたる平安時代なのだから、唐の都・長安にならった新首都はさぞ清新の気風に満ちあふれ、全国から集まる富と人々によって活気づいており、その間を貴族たちがゆったりと牛車でゆきかうといった光景が当然のように想像されるだろう。

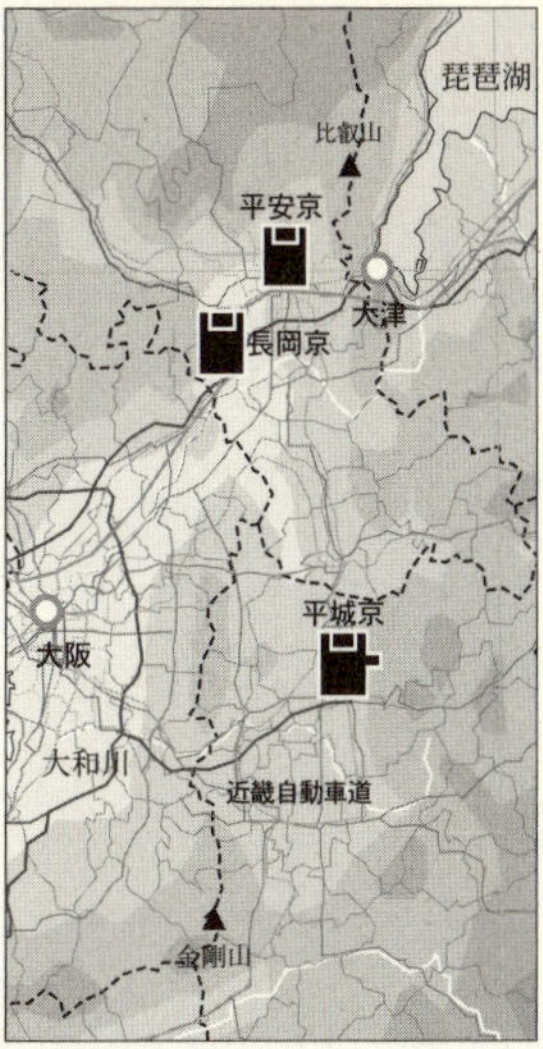

たしかにそれは、平安京の一面ではある。この時代、血なまぐさい戦いは絶えて久しく、菅原道真（みちざね）の建議によって遣唐使が廃止されてからは国風文化と呼ばれる独特の優美な貴族文化が花開いた。律令政治が荘園の出現によって蝕まれつつあったが、それはまだ勢力範囲のしずかな移行過程にすぎず、荒廃や騒乱を招くほどではなかった。では、平安京のはらんだ「闇」とはいったいどのようなものだったのだろうか。

社会が一見平穏であるからこそ、不意の天災はもちろんのこと、そのわずかな予兆でさえ日々の安定を脅かすものとして忌避される。また、具体的な敵を外部に持たないからこそ、皇族や貴族間の個人的な利害や感情が陰湿にクローズアップされてくる。さらに、日本初の本格的な都市の成立は、「民衆」という集合意識的な存在を生み出し、諸国から集めた富を一方的に消費する貴族に奉仕する中で富裕層と貧困層の階層化をきわだたせていく。

そうやって身分の上下にかかわらず、〝公〟から〝個〟へと意識が移行していったのがこの時代の特徴でもあった。個々の心に芽吹く不安や不満が招き寄せたものこそが、平安朝のはらんだ「闇」そのものだったのだ。

桓武天皇を悩ませた早良親王の怨霊

そもそも平安京への遷都自体に暗い影がさしていた。歴史的な必然としては、国家の保護を背景に急速に発言力をました寺院勢力や、大和地方に本拠を置く大伴氏などの有力貴族の影響力を削ぐという目的があったことはたやすく見てとれる。しかし、桓武天皇に実際に遷都を敢行させたものは、もっと陰湿な思惑と陰惨な葛藤であった。

桓武が皇位についたいきさつからして、平城京内のどろどろとした権力闘争の果てという側面があった。それまで皇位は長らく天武天皇の系統によって継承されてきたのだが、孝謙女帝に僧道鏡が取り入って、ついには皇位までうかがうという大事件が起こった。

それによって天智系であった桓武の父・光仁天皇が、緊急避難的に即位する事態になった。さらに、両系統につらなる皇太子であった他戸親王が天皇を呪詛した罪で廃されるという事件が勃発したために、本来望みのなかったはずの山部親王（桓武）に皇位がまわってくるという経緯になったのである。

こうしたしがらみを逃れるかのように、桓武は延暦三年（784）、長岡京への遷都を断行する。ところが、新都の造営中にその責任者であった藤原種継が暗殺される。

しかも、事件の首謀者は皇太子の早良親王とされた。

早良は乙訓寺に監禁後、淡路島へ配流されることになったが、無罪を主張したまま断食を続け、移送の途中でついに憤死してしまう（『日本紀略』）。

早良の死後、代わって皇太子となった桓武の皇子・安殿親王（後の第51代平城天皇）が病気になったり、桓武の母と2人の妃がたてつづけに他界するなど、不吉な出来事が相次ぐ。肝心の新都造営も、2度の大洪水に見舞われ、まったくはかどらない。

これらはすべて早良の怨霊の祟りがその原因であると判断するしかなかった。桓武は、造営途上の長岡京をあきらめ、再度の遷都を決意する。

このように紆余曲折を経た末の延暦十三年（７９４）、ようやく落ち着いた先が、現在の京都の地にあたる平安京だったのである。

このように見ていくと、平安京がけっして手放しで祝福された新都ではなかったことがわかるだろう。もちろん、当初長岡京への遷都を企図していた桓武天皇らの思惑も成就されたわけではない。

平城京を上回る規模を誇る大計画だったはずが、遷都11年後の延暦二十四年（８０５）には、早くも造都事業の継続を断念せざるをえなくなる。

桓武はその間も、早良親王を慰撫（いぶ）するために御陵を造り、「崇道（すどう）天皇」の名を追贈するなど、できるかぎりの手を尽くしている。桓武にとって、平安京の最大の脅威が早良親王の怨霊と考えられていたことは明白である。

現代人の感覚ではとても信じがたいことだが（といっても、明治天皇も即位の前に、保元の乱で敗れた崇徳上皇の怨霊を恐れ、その霊を弔っている）、これがまさに古代人の思考様式から導き出された結論だったのである。そしてその感性は、平安京に形成されていく市民層に急速に伝播していくことになる。

都に災禍をもたらす怨霊が公式に神となり祀られた

怨霊に祟られながらも始まった平安時代は、４００年もの長きにわたって続くことになるが、その期間のほとんどが怨霊の脅威におびやかされ通しだったといっていい。

桓武を継いだ平城天皇（在位806～809）は、嵯峨(さが)天皇（在位809～823）に譲位して上皇となった後の弘仁元年（810）、「平城京遷都令」を出し、実父がようやく築き上げた新都を捨て去ろうとした（薬子(くすこ)の変）。

この乱は、平城上皇の寵愛を受けていた薬子とその兄の藤原仲成(なかなり)が画策したもので、その背景には、2人の父・藤原種継が命をかけて築いた長岡京を、あっさり捨て去った桓武天皇への不満があったかもしれない。

彼らは東国に逃亡をはかったが捕らえられ、上皇は出家、薬子は服毒自殺し、仲成は処刑された。この後、公的な死刑は300年以上も絶えていることからも、仲成に対する処罰の厳しさは相当なものだったことがわかる。

また、この時期、大同二年（807）には、平城天皇・嵯峨天皇の異腹の兄弟にあたる伊予親王と母親の藤原吉子が謀叛の罪で捕らえられ、大和の川原寺に幽閉されて自害するという事件も起こっている。

反逆者たちの怨霊がついに神となる!

これらは、2度にわたる遷都の強行にともなって生じた陰湿な権力闘争の表面化であり、初期の平安京の不安定さを示すものだ。が、興味深いことに、貞観(じょうがん)五年（86

3）に執り行われた「御霊会」において、神として祀られた怨霊の中に崇道天皇（早良親王）を筆頭として、藤原仲成と推定される「観察使」、あるいは伊予親王の名と藤原吉子と思われる「藤原夫人」という呼称が列挙されている。

神泉苑で催されたこの御霊会は、同年の疫病の大流行を鎮める目的で行われたものだが、彼らが祀られたことを考えると、その原因が怨霊の祟りであると、政府がはじめて公式に認定したといってよいだろう。

つまり怨霊とは、怨みをのんで悲憤のうちに没した者の霊が、その怨念をはらすために個人的に祟りをなすだけでなく、社会一般にも害をおよぼすものを指すのであり、半世紀も前の死者が中心であることは、その間も絶えず怨霊の祟りと恐れられる出来事が頻発していたことを示す。

彼らと同時に祀られた橘逸勢（？～842。承和の変に連座）なども含め、都に連れ戻されて死罪になった仲成以外に共通する点として、いずれも都を離れた場所で死んでいることも興味深い。

つまり、平安人の思考形式として、脅威は周縁から中心へと向かうのだという認識があったことがうかがえる。また、大化の改新で自殺に追い込まれた蘇我蝦夷（？～645）、左遷された九州で反乱を起こした藤原広嗣（？～740）など、平安時代以前から怨霊として名高かった存在が無視されているという事実にも、呪われているのはほかならぬ「平安京」なのだという思いがはっきり表れている。

それは都に住む貴顕たちの被害妄想というばかりではなく、世間一般の共通認識でもあったからこそ、このような御霊会が公的に、しかも盛大に催されたと考えるべきだろう。

有能さが災いした菅原道真

このように、あらゆる災害や疫病の流行の原因が怨霊の祟りであることが常識化していく中で、菅原道真（８４５～９０３）と平将門（？～９４０）は、さまざまな意味において双璧をなす最強の怨霊となった。

道真は、名家とはいえ弱小貴族の出身で、実力だけで高位にのぼりつめた才人であった。時はまさに藤原氏が中央政治を席巻しつつあった時期にあたり、宇多天皇（在位８８７～８９７）は藤原氏の勢力をおさえる切り札として道真を登用した。醍醐天皇への譲位にさいして「寛平御遺誡」を与え、道真を重んずべきことを諭したほどである。

ライバル関係にあった藤原時平は、道真の栄達をねたんで追い落としを画策。道真は延喜元年（９０１）、九州の大宰府に流され、翌々年かの地で生涯を閉じた。

その直後から全国各地で水害や旱魃、疫病、飢饉といった災いが頻発するようになる。さらに、道真をおとしいれた時平が若くして死去し、時平の妹を母とする皇太子・保明(やすあきら)親王や、その子で新たに皇太子となった慶頼(よしより)王までが次々と死亡するにおよんで、人々は道真の怨霊の威力をまざまざと実感させられることになったのである。

道真と並ぶ最強の怨霊、平将門

道真をその卓越した有能さゆえに悲惨な境涯に落とされた「非業の知識人」とすれば、将門は対照的に「荒ぶる武者魂」とでも形容すべき存在であった。

『将門記』によれば、将門は関東各地の国府を襲い、国守を追放してその地の支配権を象徴する「印鎰(いんやく)」を奪っていった。

将門自身やその郎党にどの程度反乱の意識があったかは定かでないが、この印鎰を奪うという行

『大江山酒天童子絵巻物』国立国会図書館所蔵

為が重大な反逆ととらえられた。都人にとっては、凶暴な大軍勢がはるか彼方から怒濤のごとく押し寄せてくるような恐怖だったろうし、将門があろうことか「新皇（しんのう）」を称して独立国樹立の動きを見せたことも決定的だった。

将門は、若い頃御所に仕えて皇族や貴族のきらびやかな生活を見せつけられた経験をもち、挙兵の数年前には都に召喚され投獄されるという屈辱を味わっている。周縁から中心へ、遠国から都へと向かう怨念のベクトルも確実に存在したことになる。

将門の首は都に運ばれてさらされた。その首が故郷の関東をめがけて空を飛んだとか、将門をめぐる怪異伝説が無数に生まれ、その祟りを恐れて各地に将門を祀る御霊社が建てられることになるのである。

平安京を跋扈する魑魅魍魎と鬼退治譚～陰陽師・安倍晴明の活躍～

ここまでに挙げた怨霊（御霊）は、いわばその祟りが社会全体に害をおよぼすと公的に認定された存在であった。しかし、怨みや悲嘆、怒りといった個人の感情に怨霊の根源があるとすれば、祟りの標的が個人やその周辺に限定されたケースも無数にあったに違いない。

その場合、被害を受けた者にたとえ思い当たるふしがあったとしても、その事態を招いた原因は当然後ろめたく、あからさまにできない性質の事柄である。ましてや言葉には霊的な力が宿ると信じられたこの時代、祟りを口にすることはもちろん、ひそかに書き記すことさえ危険な行為に思われたことだろう。

こうして部外者にほとんど知られないままで終わった怨霊もあれば、一時的な話題や一部の集団や地域でのみ噂された存在もあったはずである。怨霊の恐怖はだれにでも常にありえたのである。

また、超自然の力で害をなしたり恐怖をあたえたりする存在は、怨霊だけとはかぎらない。不可解で不吉な現象があれば、それらの背後にはかならず何者かの意志と力がはたらいていると信じられた。

柳田国男の『遠野物語』に集成されている言い伝えのような経験譚や噂話が、それこそ無数にかわされたことだろう。そうした過程を経ていくうちに、怪現象の原因は「物(もの)の怪(け)」といった形に凝固していく。

日本初の〝都市〟を形成しつつあった平安京では、そこにさらに集団的幻視による洗練や飛躍が加えられる。さまざまな魑魅魍魎の類はこうして生まれてきたのである。

科学が判断基準の最上位に君臨する現代だからこそ「見えない」ものは「存在しない」のと同義なのであって、闇が異界や冥界に通じる空洞のように近しく感じられた古代では、「見えない」ことこそが「見えなくしている」ものの存在とその悪意の確実な証拠だったのだ。

妖怪の総称としての「鬼」とは、もともと「隠（オン）」、すなわち隠れて見えないものだったといわれ、「物の怪」とは「ものの気」、つまり不特定ななにかの気配のことであった。そこに潜むものは奇怪で忌まわしい姿をしているはずであり、強力な魔力を持ち、乱暴狼藉をはたらくものと考えられたのである。

祀る以外の対策は力による退治！

「百鬼夜行」と形容されるように、平安京には魑魅魍魎が無数に棲みつき、夜な夜な市中を跋扈していると考えられた。日常の道具などが古びて魂を持ち妖怪化するという観念や、狐狸（こり）のたぐいの動物霊が人間をたぶらかすという観念は古くからあり、仏教の浸透によって地獄の獄卒が現世に現れるという観念も生じた。妖怪のうちでは鬼、天狗（てんぐ）、河童（かっぱ）、山姥（やまんば）、一つ目小僧などが比較的ポピュラーな存在で、それらの伝承は広く分布している。

妖怪は一般に人間に敵対し、多くは制御不能のもののことであるが、これに対処する方法もさまざまに講じられた。その一つが前述した「神」に祀り上げることで、祟りをなす邪悪な存在から守護神や御利益をもたらすものへと転化させた。

もう一つの方法が実力で排除することで、妖怪退治は説話に多く残されている。

平安期の妖怪退治で有名なのが、源頼光（よりみつ）（９４８?～１０２１）とその配下の四天

『頼光四天王大江山鬼神退治之図』国立国会図書館所蔵

王の活躍だ。

大江山に棲みつく酒呑童子らの鬼を討伐するよう勅命を受けた頼光は、四天王らを伴い山伏姿に変装して都を出立する。途中、熊野・石清水・住吉の神の化身である老人たちから授かった「神変鬼毒酒」をたずさえ、道に迷ったふりをして鬼の巣窟である岩屋を訪れる。

持参した「神変鬼毒酒」で鬼どもがすっかり酔いつぶれたすきをみて、頼光たちは鬼の首をはねた。(『御伽草子』)

また、ある夜、頼光が謎の熱病にかかって床に臥せっていると、身の丈七尺ばかりもある法師が縄をかけようとした。とっさに枕元の名剣「膝丸」をとって切りつけると、手ごたえがあって血が滴っていた。

その血痕をたどっていったところ、北野社の塚穴に巨大な山蜘蛛がひそんでいた。これが法師の正体であり、熱病もそのせいだとわかって、鉄串に刺して賀茂の河原にさらした。（『平家物語』）

頼光の四天王には、昔話の「金太郎」として知られる坂田公時などもいたが、渡辺綱は一条戻橋で鬼女の腕を切り落とした武勇で有名である（『平家物語』）。

また、それと同工異曲の話だが、能の『羅生門』では、綱は酒呑童子の従者である鬼の茨木童子とも、羅城門で戦ったとされている。

源頼光は藤原道長（９６６〜１０２７）に取り立てられ側近として仕えた人物で、その活躍は、力でもって対するというある意味、わかりやすい（見える）対処法であった。一方で、我が国には霊的存在には同様の力、呪術でもって対処する「陰陽寮」という国家機関が存在した。

ちなみに頼光邸から一条戻橋を挟んで反対側には、後で触れる陰陽師・安倍晴明の邸宅があったといわれている。藤原家による摂関政治を確立した道長は、文武両面の〝ゴースト・バスターズ〟をかかえていたといえるだろう。

頼光の主・藤原道長が妖怪以上に恐れた呪詛

藤原道長が最強のゴースト・バスターズを抱えるほど恐れた怨霊・妖怪とは、実際にはなに（誰）をさしていたのだろうか。前述した山蜘蛛は「土蜘蛛」と呼ばれた先住の土着民とされ、大和朝廷に服従せずに滅ぼされた一族が平安期になって妖怪として甦ったといわれる。「鬼」も、漂着した外国人という説や政権に背いた山賊とする説などがある。

これを武闘派の代表ともいうべき源頼光が退治することは、都人の安全を確保することで藤原家の名声を高めるという意味があったのかもしれない。また、評判の武芸の達人を身近に置くことで、生命をおびやかす陰謀を抑止する効果を狙ったとも思える。

さて、では道長にとって、それで完全に身の安全が保証されたことになったかといえばそうではない。怨霊や妖怪と並んで平安の都人が恐れたものに、他人からかけられる〝呪い（呪詛）〟があったからだ。

権力の頂点に君臨する道長はまた、呪詛の標的にされることが当然多かったに違いない。平安貴族は血を見ることを厭い、憎む相手を苦しめ追い落とすのに呪術的な力を借りた。そして彼らに依頼されて呪詛を実行するのも、またその呪詛を防ぎ相手に返すのも、「陰陽師」と呼ばれる呪術者たちであった。

権力者から厚遇された「陰陽師」とは？

陰陽師が根拠とする陰陽道とは、古代中国で確立された陰陽五行説と十干十二支の説が結びついた占星術的なもので、そこに天文・暦法が加わって形作られた。

陰陽は吉凶を占い、災いを避ける術を判断するのであるが、そこからさらに災いの原因を特定し、取り除く技術へと進んでいく。この過程を逆にすれば、災いを招く原因を作り出し、望みの標的に向かって害を与えることも可能になるわけである。

ちなみに「陰陽師」は国家機関である「陰陽寮」の官職の一つで、本来、民間の陰陽師は存在しない。しかし、この時代、ヤミ金ならぬヤミ陰陽師が横行したのも事実であった。

「陰陽師」という呼称は7世紀後半には見られるが、陰陽寮が正式に国の機関として明文化されるのは、718年の養老律令においてである。国家の吉凶を占う卜占（ぼくせん）な

平安京地図

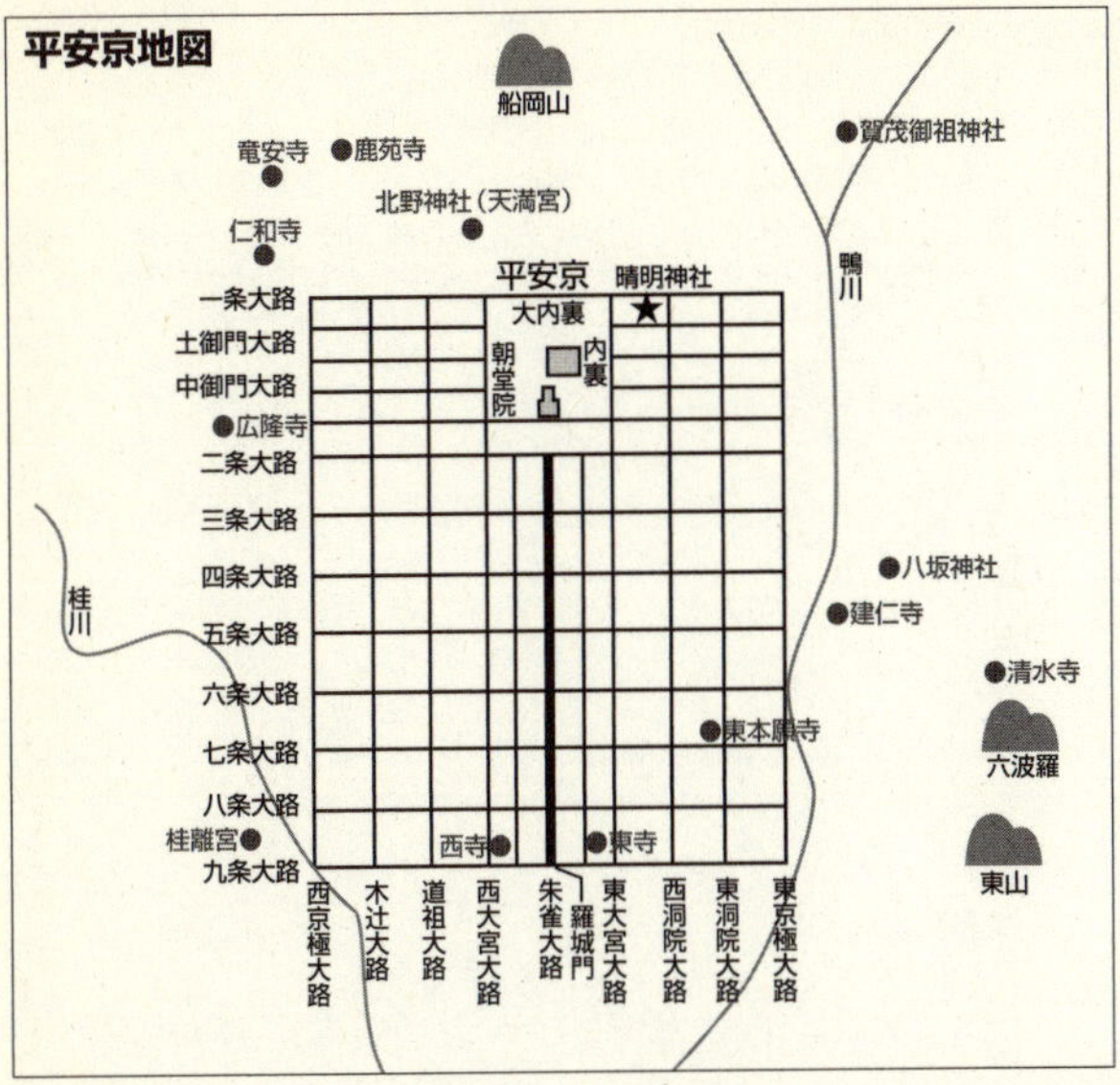

『後周顕徳二年暦断簡』
中国の五代十国時代の暦の断簡(伝敦煌出土)で、季節や日の吉凶などの注を一日ごとに記した暦。これは民間暦で官暦とはずれがある。日本でも暦の作成は陰陽寮の大切な仕事の一つだった。国立国会図書館所蔵

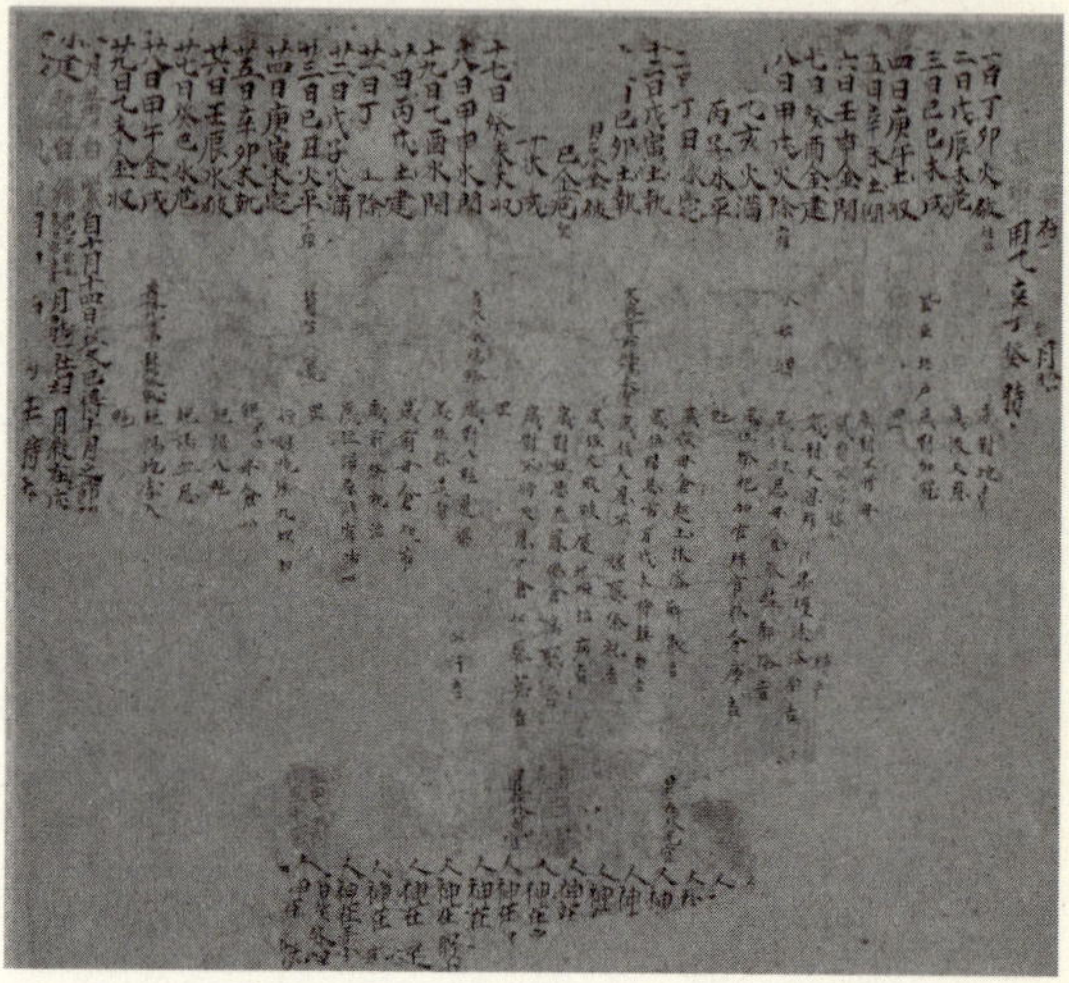

どを担当する「陰陽」部門をはじめ、「天文」「暦」の部門を持つ陰陽寮は、本来、研究や祭祀を日常的にこなす地味な機関であった。

ところが、摂関家が政権を掌握した頃から政治的に利用されることが目立ち、貴族の御用的な性格をおびてくる。陰陽道的な禁忌や作法が貴族の間で常習化し、陰陽寮を支配した賀茂家の忠行・保憲父子らが名人としてクローズアップされたのもこの時代である。

これらは、桓武即位頃から相次いだ不可解な死や疫病の蔓延と無縁ではあるまい。呪詛という行為はその性格上なかなか露見しにくいものだからこそ、権力者は過剰に恐れたのである。

陰陽師には陰陽師をもって制するではないが、天皇や摂関家は、有能な技能をそなえた呪術者を用いることで防御の要とした。

安倍晴明の名が史書に登場するのは40歳以降

そんな時代のただなかに登場するのが安倍晴明（921〜1005）である。

晴明が並外れた能力を発揮したことから、信太の森の白狐がその母であって、我が子の晴明に霊力を授けたというような伝説（古浄瑠璃『信太妻』）や、幼くして余人には見えない鬼を発見して賀茂忠行に非凡な能力を認められたという説話（『今昔物語』）なども残されている。が、その名が実際に史書に現れるのはようやく40歳に手が届いてからであった。

しかもこの時はまだ、「天文得業生（とくごうしょう）」という、いわば見習いの身分にすぎない。しかし、その後の活躍はめざましく、数年を経ずして「陰陽師」に任ぜられ、続いて「天文博士」などを歴任、陰陽の名人として重んじられついには従四位下という高位に上りつめた。

その間、晴明が天皇や貴族たちのために行った占術・祭祀・呪法は枚挙にいとまがない。時期的には多少ずれがあるが、『宇治拾遺物語』に次のような説話が残っている。

法成寺を建築中の現場に道長が出かけていったところ、境内の手前で愛犬が衣のすそをくわえて中へ入れようとしない。

不審に思って急ぎ晴明を呼んで占わせると、道長を呪詛する呪物が敷地内に埋められているという。掘ってみると、はたせるかな、そこに2つに合わせたかわらけが見つかり、中には朱色の文字が記された紙が入っていた。

晴明が懐紙を取り出して呪文をとなえると、紙は白鷺に変じて飛び去り、呪物を仕掛けた道摩（どうま）法師の家をつきとめた。訊問の結果、道摩は道長の政敵の左大臣藤原顕光（あきみつ）から呪詛を依頼されたことを白状した。

晴明の手並みの鮮やかなこと。呪物が埋められていることを言い当てたばかりか、すぐさま犯人を逆探知することまでやっている。ここで使われているのは、物質（紙・草）や小動物などを用いて意のままにあやつる「式神」という術で、これは晴明の呪力の強力さを見せつける場面である。

また、呪詛のこめられたかわらけをあつかう際には、「解除」と呼ばれる一種の無効化を行っているはずであり、呪詛を「祓う」のはもちろんのこと、別の説話では晴明が、呪詛をかけた相手にその効果をはね返す「呪詛返し」をしたともある。

この「道摩法師」とは、のちに人形浄瑠璃の『蘆谷道満大内鑑』などで安倍晴明の仇敵に擬された道満法師という「法師陰陽師」であるとされる。呪詛の実行者の多く

はこうした民間のヤミ陰陽師であった。

この説話では道摩は故郷の播磨へ追放になるが、このような呪詛が発覚した場合、事件に加担した陰陽師の刑は意外なほど軽く、たいがい短期間で釈放されたようだ。有能な術者にはそれだけ需要が多かったわけで、深く追及しすぎればどんな旧悪が露見するかもしれず、それを恐れた有力貴族からの圧力もあったにちがいない。

そしてこの説話でもっとも注目すべき点は、日常のささいな異常ですぐに道長が晴明を呼びつけ、晴明もただちに駆けつけ解決にあたっていることで、2人の関係の深さをうかがわせる。

「武」の看板である源頼光&四天王と「呪」の看板・晴明という当時の2大スー

パースターを揃えた道長は、この時代、ついに藤原氏の最盛期を築くにいたったのである。

表の賀茂家、裏の晴明。謎に包まれた晴明の生涯

これほどの才能の持ち主であったにもかかわらず、晴明はなぜ40歳になってもまだうら若い同僚たちにまじって天文得業生として学ぶにとどまったのだろうか。それ以前は宮廷に仕える大舎人だったという説もあるが、正式な記録にはまったく残っていない。陰陽道の名家となる土御門家の創始者の経歴としては、拍子抜けするほど謎が多い。

とはいえ、一方の名家である賀茂保憲、光栄父子との後のみごとな連携ぶりを見れば、晴明がもともと賀茂家と密接な関係にあったと考えるほうが自然であろう。

特殊な才能や技能が必要とはいえ、本来、陰陽寮は煩瑣(はんさ)なルーティンワークに追われる役所であって、すでにその重鎮であった忠行、保憲父子は、横行する呪詛への対策や病気平癒祈願などの要求に自ら応えるのは不可能であったに違いない。

そこで彼らは、自由に行動できる優秀な術者・晴明を、密かに養っていたのではないだろうか。晴明が一条戻橋の下に式神を飼い、自らの手足として使役していた伝承のように、自らもまた青年時代は賀茂家の影法師のように裏で働いていたのかもしれ

ない。

安倍晴明の名が歴史の表舞台に現れるのは、ちょうど藤原氏が「氏の長者」（一族の代表者）の地位をめぐって肉親同士で争っていた最中であった。

当然、裏で激烈な呪法合戦が繰り広げられていたであろうこのタイミングで、賀茂家は秘匿していた稀有の才能の持ち主・安倍晴明を起用。結果的に名が表に現れてしまったのではないだろうか。

『晴明肖像』国立国会図書館所蔵

骨肉の争いは道長を勝者として収束し、ようやく安定を見る。政治的な駆け引きの裏で悠々と任務を遂行する晴明の仕事ぶりを想像すると、その本来の使命は単なる〝ゴースト・バスター〟的呪術者というより、〝国家諜報員ジェームズ・ボンド〟といったほうが的を射ているのかもしれない。

日本でも日常的に行われていた奴隷売買！

戦場で女子供を拉致！日本にも奴隷市が存在した

奴隷売買といえば欧米での出来事のように感じる人も多いはず。けれど、日本でも古代から行われてきた。そこで、日本の奴隷狩りと売買の歴史をひもとく！

命のやりとりをする戦場は「稼ぎ場」でもあった

武将たちの華やかな合戦、奇抜な作戦――群雄割拠の戦国時代は天下取りに生きた男たちのロマンに満ちている。だがその裏で、敗残兵や負けた国の民がどういう運命をたどったかはあまり語られない。

戦場で雑兵たちが人狩りを行い、奴隷市にかけていたこと、それが戦国時代の常識であり、時に大名公認の行為だったことを知る人は少ないだろう。奴隷は国内で酷使されるのはもちろん、東南アジアやヨーロッパに「輸出」されることもあった。

そもそも「戦争」とは世の東西を問わず、最大の産業といわれる。日本国内でもすでに3世紀半ばに奴隷についての記述が残っている。『魏志倭人伝』で卑弥呼が魏の皇帝に献上したとされる「生口（せいこう）」とは戦争奴隷のことであった。

平安時代後期、身分制度の崩壊が進むと貧困者による人身売買が横行し、ひとつの産業として定着した。仲買人は「人商人（ひとあきびと）」と呼ばれ、掠奪は貴重な収入源とされた。源平合戦でも、和泉（いずみ）国に来た鎌倉の兵が民家に押し入り財産を奪い、牛馬と共に女子供を連れ去るなどの狼藉を行ったことが記されている。

南北朝時代になると倭寇（わこう）たちが朝鮮や中国で奴隷狩りを行った。

そして、戦国の約１００年は全国規模で自然災害や異常気象が続き、飢饉（ききん）や疫病（えきびょう）が毎年のように発生した時代であった。農民は戦争のたびに徴兵され、田畑は荒れた。この時代、軍勢とひと口に言っても武士は2割程度で、残りは農民である。彼らにとって飢餓は身近なものであった。

だが、戦争が起これば、掠奪暴行が大っぴらに許された。農兵や野盗、山賊たちは食料や財産を奪い、人を拉致しては売り飛ばした。合戦が終わると人身売買の市が立てられたともいう。

大名たちも雑兵たちが行う人の売買に関しては野放しであった。下手に厳しく取り締まれば、兵の意気を削ぐ結果にもなりかねなかったからである。それどころか奴隷狩りは、恩賞のない雑兵たちへの褒美であるとともに、領国を豊かにする方法のひとつとも考えられていたのだ。

雑兵にしてみれば、馬や女を連れ帰って売り払えば金になった。村の過疎化を防ぐため、子を産む道具として掠奪結婚することもある。また、敵兵を生け捕りにすれば農耕奴隷として耕地の復旧や開拓のために酷使することもできた。

合戦が起こり、他国へ出兵するたびに暮らしは豊かになる。だからこそ、飢饉や凶作で食うに困った者たちは自ら雑兵として戦場に向かったのである。

戦国大名の奴隷狩りとは？

ルイス・フロイスの『日本史』には九州での合戦で行われた奴隷狩りについて詳しい記述が残っている。

天正六年（1578）の耳川(みみかわ)での直接対決以来、大友氏（豊後(ぶんご)）と島津氏（薩摩(さつま)）による九州の覇権をめぐる争いは激化する一方だった。だが、キリスト教を信仰する宗麟(そうりん)の政策に反目し、島津氏と内通する家臣も出たことで、大友氏は次第に劣勢になっていく。

天正十三年に秀吉は島津氏と大友氏に対して和睦し停戦するよう命じているが、島津氏は聞き入れなかった。このため、大友宗麟は有名な茶器を献上し、秀吉に援助を求めている。

この状況のなか、島津氏は豊後侵攻を敢行した。

薩摩軍が豊後の南郡を通過したときのことである。フロイスは「最大に嘆かわしく思われたことは、薩摩勢が実におびただしい数の人質、とりわけ婦人・少年・少女たちを拉致するのが目撃されたことである。これらの人質に対して、彼らは異常なばかりの残虐行為をあえてした」と記している。

さらに、薩摩軍はこれらの人質を肥後(ひご)に売り、肥後もまた彼らを高来(たかき)（島原半島）に連れて行って売り渡している。「彼らは豊後の婦人や男女の子供を二束三文で売却した。売られた人々の数はおびただしかった」という。

また、「当地方に渡来するポルトガル

人・シャム人・カンボジア人らが、多数の日本人を購入し、彼らからその祖国・両親・子供・友人を剥奪し、奴隷として彼らの諸国へ連行している」とあるから、豊後の人質たちは海外へも奴隷として売られていったことがわかる。

秀吉は天正十五年（1587）に「伴天連（ばてれん）追放令」内で日本人奴隷売買と日本国内での人身売買を禁止している。

一方、島津義久（よしひさ）に宛てても「豊後で乱取した男女は、島津領内をよく探して、豊後に返せ。人の売買はいっさい止めよ」と書簡を送っている。

秀吉が「人身売買」をこれほど禁止したのは、島津氏が豊後で行った「乱取（らんどり）」と呼ばれる大規模な奴隷狩りがあまりに酷かったからであろう。

だが、その秀吉も晩年に2度にわたる朝鮮出兵を行っている。戦場には日本から多くの商人が渡り、老若男女をとわず戦争捕虜を買い取った。彼らは長崎の奴隷市場からポルトガル商人を通じてヨーロッパに連れて行かれたという。大名たちが日本に連れ帰った捕虜もいて、その場合は農耕奴隷として酷使された。

なお、大友氏は宗麟の嫡子・義統（よしむね）が継いだ。しかし、朝鮮侵攻時に小西行長（ゆきなが）の救援要請を無視し、城を棄てて敵前逃亡したため、秀吉を激怒させている。豊後は改易（かいえき）され、秀吉の直轄領となった。こうして北九州を制した名門大名・大友氏は没落していったのである。

『大坂夏の陣図屏風』左隻部分。この図屏風には、大坂城周辺で繰り広げられた各将たちの激戦の様子とともに、逃げまどう女たちが徳川軍の兵士たちによって拉致される状況も描かれている。家康は戦場外での人取りは禁止したが、敵地であればこれを認めると告げていた。それを裏付けるかのように、図屏風には家財道具を持って川を渡る人々、着物を兵に差し出して許しを請う男の姿なども見られる。大阪城天守閣所蔵

信長の庇護から一転、秀吉・家康がキリシタンを弾圧した理由とは？

血に濡れたクルス キリシタン弾圧の悲劇

下剋上の時代、ヨーロッパから日本へキリスト教が最先端科学とともに伝わった。その教えは当初は支配者に保護されたが、次第に弾圧の対象となっていった。なぜ、悲劇へと至ったのか。その背景を探っていく。

九州の大名や織田信長から保護された初期キリスト教

戦国時代真っ直中の天文十八年（１５４９）、イエズス会の宣教師フランシスコ・ザビエルが薩摩に上陸し、島津貴久（たかひさ）の許可を受け布教活動を行った。これが、キリスト教が日本に伝わった最初とされる。その後、ザビエルは日本を離れるが、代わってコメス・ド・トレスが布教につとめ、九州に多くの支持者を得て、この地は日本のキリスト教の中心地として栄えていく。

フランシスコ・カブラルが日本宣教長の座をトレスから引き継ぐと、キリスト教は京都の実権を握った織田信長の目にとまる。一向一揆や延暦寺の反抗に手を焼いた信長は、その対抗策としてキリスト教を優遇した。

また、それだけでなく宣教師がもたらす最先端の科学知識に深い興味を抱いていた。信長自身はキリシタンではなかったが、結果としてキリスト教の力強い保護者となった。

キリスト教布教の初期、パーデレ（神父）を訪れた者の中には仏教者もいた。

イエズス会の信者アルメイダ医師を訪ねてきた鹿児島の僧は、日食や潮の満ち引きなど自然現象についての質問をしたという。アルメイダ医師が証拠を示しながら詳しく説明すると納得し、非常に満足して帰ったというから、宣教師の持つ知識は日本人にとって心惹きつけられるものだったに違いない。

弾圧のはじまり　考え抜かれた拷問とは？

信長の死後、キリシタンの未来には急速に暗雲がかかった。天正十五年（1587）に秀吉が発令した「伴天連（ばてれん）追放令」ではキリスト教の布教が禁止され、慶長十七

若き日の織田信長像。キリスト教を保護した信長は、オルガンティノに京都と安土に教会を建てることを許している。

年（1612）に江戸幕府が出した五ヵ条の条々では信仰自体が禁止された。

慶長元年の26人の聖人の殉教をはじめ、キリシタンの迫害と殉教は激しさを増していった。それはひどく狂信的で、為政者がより苦しく残酷な殺し方を考え出す一方、キリシタンたちは身を焼く炎や血に濡れた刃を前にしていかに美しく死ぬか考え、栄光の殉教者になることだけを願った。

死を恐れないキリシタンは支配者にとって恐怖であった。慶長十八年に発布された「宗門檀那請合之掟」の冒頭である「死をかえりみず、火に入るもおそれず、水にいるもおぼれず、身より血を出して死をなすことを成仏と立つる」という表現には、そんな畏怖が込められている。こうしてキリスト教は「邪宗門」にされたのである。

慶長十九年、47名のキリシタンとその妻子らが京都の町を追放された。その中には身分の高い武士も含まれていた。

「二十六聖人の記念碑」（写真提供／長崎市さるく観光課）

彼らは一度敦賀に泊まり、そこからさらに北へ向かった。弘前藩主は彼らに未開の地を与え、開墾に従事させている。しかし、農作業などしたことがない京育ちのキリシタンにとっては、過酷な重労働であった。その上、天候不順により、せっかく拓いた田畑からは何も収穫できなかった。

残酷なようだが、この津軽流刑は良心的な処置である。一般に行われた棄教の強要は苛烈さを増していき、裸のまま俵に入れられ町中を転がされたり、女性であれば裸にして辱められたり、女郎として売られるようなことも行われた。

迫害は西南日本を中心に行われ、東北地方は寛容な風潮があったが、それもすぐになくなった。

寛永元年（１６２４）、秋田藩では佐竹義宣の家臣であるキリシタン42名が獄につながれた。15歳以下の者は罪人としない決まりであったが、河合喜右衛門の息子トオマは年齢を偽り、父とともに殉教することを望んだ。

七月になると32名の火刑が決まった。先頭を行く13歳のトオマはとても美しく、刑場へ向かう途中、彼がオラショ（祈り）を唱えるとみな続いて斉唱した。刑場に着き、ひとりずつ柱に縛られ、薪に火がつけられると炎は静かにキリシタンたちを包んだ。弱められた火勢によって、生きながら焼かれる苦しみは長く続いた。

この日のことは、義宣の下で行政を担当した梅津政景の日記に「きりしたん衆32人火あぶり内21人男、11人女。天気よし」とだけ記されている。

同じく寛永元年には、島原の雲仙岳で地獄谷の熱湯を使った処刑が行われた。硫黄のガスが充満するなか、捕らえられたキリシタンは地獄谷の池に裸で立たされたり、断ち切られた背中の傷に熱湯をかけられたりした。煮えたぎる池に生きたまま突き落とされた者もいる。

寛永十四年（1637）にはキリシタンによる最大の反乱・島原の乱が勃発した。一般にこの反乱は宗教戦争と言われるが、その原因となったのは島原半島と天草諸島を支配する領主たちが農民に過酷な年貢を負担させたことにあった。

肥前の島原半島はもともとキリスト教の信仰が篤い土地柄である。だが、幕府の禁教政策が始まると松倉重政が新たな藩主として赴任し、厳しい弾圧を開始した。重政の急死に伴い勝家が跡を継ぐと、領民への年貢の取り立ては常軌を逸したものとなり、弾圧は残酷

雲仙普賢岳。日本最大のキリシタン一揆・島原の乱が起こった場所としても知られる。

さを増した。女子供に蓑を着せ、それに火をつけてもがき苦しむ姿を「蓑踊り」と読んだり、妊婦を水牢に放置したりと残虐行為自体を楽しんでいるかのようだった。

島原で一揆が勃発すると、呼応するかのように天草の領民が蜂起した。

天草では16歳の少年・天草四郎を総大将に立て、天草支配の要である富岡城を攻撃した。一揆軍は富岡城代・三宅重利を討ち取り、落城寸前まで追いつめたが、九州諸藩の応援軍が到着したことを知ると城を撤退。天草と島原の一揆軍は合流して島原城を攻めた。しかし、守りが堅い城だけに攻略できず、3万7000の一揆軍は廃城となっていた原城に立て籠もった。

九州諸藩は一揆勃発の報を聞くと、すぐに豊後府内目付に使いを送り指示を仰いでいる。武家諸法度には近隣でどんな事態が発生しても、江戸の許可なく兵を出すことは禁止されていたからである。

戦国時代から九州はキリスト教が盛んな地域である。諸藩は藩内の転びキリシタンたちが反乱に加勢することを恐れた。特に島原の乱はキリシタンによるものだったので、九州全土に飛び火する可能性があったのだ。

松倉勝家は一揆の原因が〝領民への過剰な税の取り立て〟という自らの失策にあるとは認めず、幕府には〝キリシタンによる暴動〟だと報告した。

幕府は一揆軍の兵糧が少ないことを確認すると、城を包囲して兵糧攻めにした。弱ったところに海と陸から砲撃を行い、一揆軍を全滅させた。助かったのは内通者ただひとりであったという。

なお、幕府は一揆の原因となった勝家を改易し、島原藩は遠江国松前藩の高力忠房が継ぐことになった。さらに、勝家の非道が明るみに出ると、幕府は彼を斬首に処し、松倉家は断絶した。

明治政府による弾圧

明治時代になると、キリシタンの扱いはもっと酷いものとなった。新政府には神道学者が多くいたこともあり、キリスト教の禁制は解かれるどころか、容赦ない弾圧が加えられたのだ。

明治二年（1869）、木戸孝允の案によって、大規模なキリシタン粛清が実行された。キリシタン活動の中心人物を長崎で処罰し、残りの3000人は尾張藩から西の藩に流罪とし、その生殺与奪の権は藩主に委ねるというのである。

信者を任された各藩が取った政策にはかなり差があり、鹿児島藩は比較的寛大であったが、福岡藩ではひどい虐待が行われていた。

隠れキリシタンたちにも拷問が加えられた。

長崎の五島列島・久賀島では大勢を一気に拷問にかけるには狭い部屋へ押し込むの

がもっとも手っ取り早い、とばかりにたった6坪の牢舎に200人が閉じ込められた。食事はろくに与えられず、体力のない老人や子供はあっという間に死んでいった。牢内には便所がないので垂れ流しである。その不衛生さは言葉に尽くせない。すぐに蛆虫（うじむし）がわき、生きたまま肉を齧（かじ）られた。この拷問は8ヵ月も続き、解放された時、全員の頭髪は抜け落ちていたという。

明治政府のキリシタン弾圧は国際問題になり始めていた。各国と有利に交渉を進めるには信仰の自由を認めるしかない。明治六年（1873）、政府はついにキリシタン禁制を解いたのだった。

ありがたい仏教の教えか、呪いを込めた歌か!?

咎なくて死す！
いろは歌は呪いの歌だった

いろは歌に込められた不吉な影。この歌には不幸な死を遂げた人物の恨みが込められているのか？　作者をめぐる千年にわたる論争をひもとく！

いろは歌に隠された謎

「いろは歌」とは音の異なる清音の仮名47文字を、一文字も重複させずに読み込んだ手習歌のひとつである。一般には涅槃経にある「諸行無常　是生滅法　生滅滅已　寂滅為楽」の教えを和訳した、仏教の教えを説く歌といわれている。

いろはにほへとちりぬるを　香りよく咲き誇る花も散ってしまう
わかよたれそつねならむ　この世に永遠のものなどありはしない
うゐのおくやまけふこえて　迷い多く悲しい奥山を越えて行こう
あさきゆめみしゑひもせす　人生の儚い栄華に酔わないように

この歌がいつ、誰によって作られたかはわかっていない。伝承によると、作者は空海であるという。この説は大江匡房による『江談抄』にも見られ、平安後期にはすでに膾炙していたらしい。

「涅槃図」奥村政信画、江戸中期。
国立国会図書館所蔵

空海説が広まった理由は、歌人としても有名で、留学先の唐からも絶賛された空海ほどの才覚があれば、仮名を重複せずに全部使い、さらに仏教観を歌にすることもできたであろうという曖昧なものだ。当然、現在ではこの説はほぼ否定され、国語学的な見地から歌の成立は平安中期頃とされている。

折句になった暗号、いろは歌は不吉？

和歌であれば五七五のリズムで区切るところだが、「いろは歌」は今様の形式で詠

まれている。なお、日本最古の「いろは歌」は『金光明最勝王経音義』（承暦三年・1079）という仏教の解説書の冒頭に記されているが、そこでは「いろは歌」は7音で区切られている。

いろはにほへと
ちりぬるをわか
よたれそつねな
らむうゐのおく
やまけふこえて
あさきゆめみし
ゑひもせす

この下の文字だけを読むと「とかなくてしす（咎なくて死す）」つまり「罪がないまま死ぬ」となるのである。

このことは昔から知られていて、江戸時代の国語辞書『和訓栞』（安永六～明治二十年・1777～1887）の大綱にも記されている。

学者たちは「単なる偶然」と片付けたが、それにしてはあまりにも出来過ぎている。国学者の黒川春村は『碩鼠漫筆』（安政六年・1859）で「諸行無常を詠み、手習いとしても広まっているいろは歌に、忌まわしい言葉が含まれているのはよくないことだ」と嘆き、儒学者の貝原益軒も子供の手習いには「あいうえお」を勧め、「いろは歌」を「益なき」と切り捨てている。

深く立ち入ろうとはしないが、学者たちも「いろは歌」に不吉なものを感じていたのだろう。

恨みを呑んで死んだ歌人の手によるものか？

だが、この暗号のような言葉は、多くの人の好奇心をかき立てた。そして、作者を見つけようとさまざまな説を打ち立てたのである。

強大な権力によって、罪なくして殺されたであろう歌人。もしくは才能に溢れ、秀でた芸をもった貴人。

たとえば、小野篁。彼は空海と同時期の学者詩人であり、天皇からの期待も大きい高級官僚だった。だが、直情型の彼は藤原氏の横暴に腹を立て、職務拒否の上に朝廷を批判する詩を書いて流刑にされた。

篁には不思議な伝説が多く、昼は朝廷で官吏を、夜は地獄で閻魔大王の補佐をしていたという。天才でありながら、権力を恐れずに対峙した彼は後世の人気が高い。しかし、篁はのちに朝廷に呼び戻され、官吏として復位していることから、呪詛の歌を作るほど冷遇されたとはいえない。

または、菅原道真。彼も詩人として名高く、学者としては異例の出世を遂げて右大臣の地位まで上り詰めた。しかし、優秀すぎたために藤原時平に妬まれ、讒言により大宰府に流される。絶望と憤怒の中で死んだ道真は雷神となって都に祟ったとされるが、九州への左遷を「咎なくて死す」と表現するものだろうか。間接的に殺されたとはいえるかもしれないが…。

「皇国二十四功 贈正一位菅原道真公」
国立国会図書館所蔵

実は他にも聖徳太子説、橘逸勢説、醍醐天皇の皇子・兼明親王説などの奇説もある。これらの人々に共通するのは不遇であったり伝説的であったりと、どこか判官びいきめいた気持ちをそそられる点であろう。

一説によると、柿本人麻呂が作者だともいわれる。

彼は「歌聖」と称され、万葉の頃の宮廷歌人として朝廷に仕えた。『古今和歌集』（延喜五年・905）の真名序には五位以上、仮名序には正三位であったと推測される表記があり、高級官僚であったらしい。

だが、彼について史書には記載がなく、その死は刑死であったのではないかといわれている。そのため、定説とされる時代よりさかのぼるが、この説を支持する人も多い。

今なお謎に満ちた「いろは歌」。これらの伝説は「いろは歌」の完成度が高すぎるゆえに生まれたものといえよう。後の人々は、歴史の陰に埋もれ、罪なくして死んでいった無数の怨念をこの歌に見たのである。

江戸時代の取り調べ、拷問の実態とは!?

大江戸拷問記！伝馬町大牢の実態

奈良時代には公式に制度化された刑罰。いつの時代も過酷な拷問は行われてきたが、江戸時代になると殺さずに苦痛を与える残酷な知恵が加わった！

日本の拷問の始まり

日本で拷問が正式に制度化されたのは奈良時代で、すでに『大宝律令』には訊杖（じんじょう）（約1メートルの細い棒）で打つ刑について記されている。

これは、罪の疑いが濃厚であるにもかかわらず自白しない者に対して、背中15回、尻15回を打つというものだった。それでも自白しなければ、20日以上の間隔をあけて再度行われた。

打つ回数は合計２００回以内と決められており、皇族や役人など特権階級、子供、老人、出産間近の女性には行われなかった。

ただし、国家への反逆罪については、身分にかかわらず、回数も上限なしで杖打ちが続けられ、それによって命を落とす者もあった。

その後の『養老律令』には実刑として死刑、流罪のほかに笞打、杖打、強制労働があった。しかし、同時に〝贖銅〟という罰金刑も導入されており、役所に銅（当時は銅銭のほか、布、稲などもお金代わりに用いられた）を納めることで刑を免れることができたという。その値段はというと、笞打10回に対して銅1斤（約600グラム）程度。現在の貨幣価値にすると、一説には20万円程度といわれている。

拷問は基本的には罪を自白をさせるのが目的で、苦痛を味合わせて殺すのが目的ではない。江戸時代のキリシタンへの拷問も、棄教させることが目的である。ちなみにイエス・キリストが受けた磔刑は、古代ローマの処刑法で、いかに殺さずに苦痛を与えられるかをテーマに考え出された。

当初は大地に1本の棒を立て、両手を縛り持ち上げてつるしていた。だが、これだと横隔膜の収縮が妨げられ、すぐに窒息死してしまうのである。そこで、棒のてっぺんに横木を乗せて、そこに両手を広げさせて両手足を釘で打ち付けた。つまり、当初は十字架ではなくT字架だった。これで呼吸は楽になったが、全体重が傷口にかかった。飢えと渇き、野犬にも悩まされながら、苦痛のうちに死んでいったのである。

このような拷問は、死刑を宣告された国家反逆者などに対して行われるもので、多分に見せしめの意味があった。

江戸の刑罰

江戸時代の刑罰はかなり複雑化するが、見せしめのために厳罰主義となっている。牢獄はもとは南町奉行所の近く常盤橋門外にあったが、慶長年間に小伝馬町に移転され、明治八年（1875）に廃止されるまでその役割を全うした。

町奉行の下に牢屋敷を管理する囚獄（牢屋奉行）・石出帯刀がおり、この役職は世襲である。牢獄といっても現在の刑務所よりは拘置所といったほうが適切で、罪人を尋問するための拷問が行われていた。

その方法について、江戸奉行吟味与力を勤めた佐久間長敬が晩年に書き残している。彼自身が目の当たりにし、実際に行ったことが記された内容は今読んでも身に迫るものがある。

幕府が定めた四種の拷問とは「笞打」「石抱」「海老責」「釣責」をいう。「笞打」「石抱」「海老責」は昔から伝わっている方法で、これらを〝責問〟と言い、幕府は「釣責」のみを〝拷問〟と呼び区別した。

拷問は町奉行の管轄下にあり、与力が執行した。記録を取る者や幕府の御目付、牢屋医者が拷問に立ち会い、囚人に何かあれば医者がすぐに手当てを行った。

　また、拷問が終わると囚人に気付け薬を与え、脈を診ている。拷問の目的は自白させることにあり、そのために役人は慎重にことを進めたのである。

幕府公認の四種の拷問

●笞打とは？

　囚人は手鎖を外され、もろ肌を脱がされ、下男によって太縄で縛り付けられる。左右の腕先は背後の肩まできつく締め上げられ、その縄先を前後に引き分けて、囚人が動けないようにした。これだけでも相当な苦痛である。

　打役は拷問杖で囚人の肩を力いっぱい打ち叩く。場合によっては打役ふたりが左右交互に叩くこともあった。皮膚が破れ、血が出ると、下男が傷口に砂を振りかけ血止めを行い、その上をまた杖で打った。

　数にして150回程度打ち、白状すれば拷問は終了である。

●石抱とは？

「笞打」で白状しなかった者は「石抱」の拷問に移る。

　これは真木（十露盤板とも）という三角板の上に囚人を座らせ、膝に石板を5枚重ねるというものである。

　石板は1枚約50キログラム。250キログラムを膝の上に置かれた囚人はたちまち

徳川時代の刑法

正刑		
呵責	叱り／急度（きっと）叱り	叱責の上、放免する
押込		10日以上、100日以内、家居させる
敲（たたき）	軽敲（50回）／重敲（100回）	庶人に行う。ほうき尻をもって背を打つ
過怠末居（かたいまっきょ）	軽50日／重100日	女子及び15歳未満の男子で、敲刑にあたる者に行う禁固刑
追放	所払い	居村、居町から追放
	江戸払い	品川、板橋、千住、四ッ谷大木戸から追放
	江戸十里四方追放	日本橋から半径五里四方への立ち入りを禁止
	軽追放	江戸十里四方、京、大坂、東海道筋、日光、日光道中から追放
	中追放	武蔵、山城、摂津、和泉、大和、肥前、東海道筋、木曽路筋、下野、日光道中、甲斐、駿河から追放
	重追放	右の他に相模、上野、安房、上総、下総、常陸、京はさらに河内、丹波、近江から追放
遠島	伊豆七島（江戸）、隠岐、壱岐、天草五島（関西）	
死刑	下手人（げしゅにん）	牢内で首を切る
	死罪	牢内で首を切る
	火罪（かざい）	放火犯に適用。馬に乗せて市中引き廻しの上、火あぶり
	獄門（ごくもん）	牢内で首を切り、市中に晒（さら）す
	磔（はりつけ）	磔にして槍で殺す
	鋸挽（のこぎりびき）	通行する希望者に竹鋸で首を挽かせ、後に槍で殺す

区分		刑名	内容
属刑		晒（さらし）	本刑前に1日引き廻し、刑後に3日刑場に晒す
属刑		入墨（いれずみ）	盗犯に行う刑で、手や額などに入墨。各地で異なる
属刑		闕所（けっしょ）	本刑の軽重によって、動産、不動産を没収する
属刑		非人手下（ひにんてか）	重い場合は遠島の上、非人籍に編入する
閏刑（じゅんけい）	士族	逼塞（ひっそく）	門扉を鎖（とざ）し昼間の出入りを禁ずる
閏刑（じゅんけい）	士族	閉門（50日／100日）	門扉を鎖し竹槍を構えて奴婢の出入りを禁ずる
閏刑（じゅんけい）	士族	蟄居	閉門と同じ。ただし、一室内に蟄居
閏刑（じゅんけい）	士族	隠居	隠居し、その扶持を子孫に渡す
閏刑（じゅんけい）	士族	永蟄居	終生、蟄居させる
閏刑（じゅんけい）	士族	改易	永く士族以上を除籍し、その扶持を没収する
閏刑（じゅんけい）	士族	預（あずけ）	無期で他家に禁錮する
閏刑（じゅんけい）	士族	切腹	自ら腹を切らせる
閏刑（じゅんけい）	士族	斬罪	正刑の死罪と同じ
閏刑（じゅんけい）	僧侶	晒	市上に拘縛し、公衆に3日晒し、本寺に渡す
閏刑（じゅんけい）	僧侶	追院／退院	官職をとき、寺に帰るのを禁ずる
閏刑（じゅんけい）	僧侶	一派構（いっぱがまえ）	宗門の一派を除却する
閏刑（じゅんけい）	僧侶	一宗構（いっしゅうがまえ）	一宗を除却する
閏刑（じゅんけい）	庶人	過料（かりょう）	納められなければ手鎖となる
閏刑（じゅんけい）	庶人	閉戸（20日／30日／100日）	門戸を鎖し、営業を停止する
閏刑（じゅんけい）	庶人	手鎖（30日／50日／100日）	両手に手錠をかける
閏刑（じゅんけい）	婦人	剃髪（ていはつ）	頭髪を剃り、親族に下げ渡す
閏刑（じゅんけい）	婦人	奴（やっこ）	本籍を除し、請者に下付し奴とする

『江戸牢獄・拷問実記』ほか参照。

口から泡を吹き、鼻水を出すという。

大抵は5枚も積めば気絶してしまうので、拷問はそこで中止する。白状しなければ、日を置いてまた行い、そのときは石板の枚数を増やす。白状するまでこれを続ける。初日にいきなり10枚積むのは稀なことであるという。

10枚積んで4～5時間おくと、囚人は全身蒼白になり口から泡や血を吐く。そこで下男は石板を揺り動かす。するとスネが真木に食い込み、その痛みは骨が砕けるほどであった。この責めを受けたために足が萎え、不具になってしまう者もいた。

足先から色が変わり、蒼白色が腹まで上がってくると、囚人の命は消える寸前。これ以上続けるかどうかは与力の判断に任せられる。

拷問を中止するときはすぐに石板をおろし、囚人を釣台に乗せて仰向きに寝かせる。気付け薬と冷水を与えたら、牢内に運び戻すのである。

●海老責とは？

「笞打」や「石抱」でも白状しなかった者に行われるのが、「海老責」であった。これは他の拷問を受けて弱った体が回復するまで数日待ち、拷問蔵で行われる。

まず、囚人を下帯1枚にする。両腕を後ろ手に固定し、アグラをかかせ、両足首を重ねて縛る。そして、足首があごにつく高さまで引き上げて絞るのだ。

このまま30分も経つと全身は真っ赤に染まり、冷や汗も出なくなる。それから一時間すぎると体は紫色から暗蒼色に変わり、蒼白になる。こうなると命にかかわるのですぐに縄を解くが、ここまで耐える者は滅多にいないという。

この拷問は全身が紅潮して海老のように見えるから、もしくは海老のように腰を曲げて縛られるから「海老責」の名が付いたといわれる。

●釣責とは？

先の三種の拷問でも白状しなかった者に対して行われるのが「釣責」である。

囚人を上半身裸にし、手を後ろにねじり上げる。腕が重なった部分に和紙と藁（わら）を巻き、その上から縄で縛り、縄尻を胸元に回して梁（はり）に引き上げるのである。

自分の体重で縄が皮肉に食い込んで、気絶しても苦痛で意識を取り戻すほどだった。「釣責」はせいぜい2時間が限度で、それでも足の爪先から血が滴り落ちたという。

基本的に拷問とは、死罪に相当する悪事が明らかでありながら、本人が白状しないときに行われるものであった。そのため証拠が挙がらない囚人に関しては、拷問できないのが建前である。

ただ、拷問によって囚人が死んだ場合は、それが過失や故意でない限り、町奉行や与力が罰せられることはなかった。

安倍晴明が活躍した時代から現代に受け継がれる呪いの実態！

呪いと式神！継承された陰陽師の霊力

魑魅魍魎の存在を怖れ、呪いに怯えながら暮らしたのは、平安時代の人々だけではない。今なお続く、闇の系譜。陰陽師の末裔たちの恐るべき霊力とは？

歴史のなかの陰陽師

古代中国の自然哲学である陰陽五行説が日本に伝わったのは、5、6世紀頃だといわれる。『日本書紀』には「陰陽寮」の名がすでに見え、そこでは天体の観測や暦の作成が行われていた。

陰陽道が呪術的な色合いを強めていくのは平安時代に入ってからである。この辺りのことは、すでに前で詳しく触れたが、もう一度簡単に説明しておきたい。

宮廷の儀式や祭祀を執り行う陰陽師の発言は重要性を増していく。天変地異や疫病などの大きな災厄はもちろん、日常に起こった小さな災異すら何者かからの呪いではないかと疑う公家や貴族たちにとって、陰陽師が指示する災いを祓うための方法は生活を左右するほどの影響力があった。

10世紀になると、才能豊かな陰陽師が次々と現れた。まず、賀茂忠行の登場は陰陽寮のあり方を大きく変えた。それまで天文・暦・陰陽と専門家によって分業されていたものが、ひとりに任せられるようになったからである。その子・保憲も修行をする前から鬼を見る能力を見せ、のちに従四位上に叙せられ父以上の出世を遂げた。

賀茂父子により、陰陽師は世襲制がとられるようになる。

そして、陰陽道史上、最高の能力者・安倍晴明が登場する。

彼は賀茂忠行を師に、保憲を兄弟子に持ち、幼いときから才能を開花させた。『今昔物語集』には、忠行が内裏から

「安倍晴明降魔調伏の図」怨霊や物の怪を調伏する安倍晴明を描く。晴明の背後にいるのは、怨霊ではなく晴明が用いた式神。阿倍王子神社所蔵

帰る途中、供についていた幼少の晴明が百鬼夜行に気づき、牛車のなかの忠行に伝えたため、ふたりが難を逃れた話が載っている。それ以来、忠行は晴明に自分の持つ陰陽道のすべてを教えたという。

晴明は貴族たちから絶大な信頼を受け、特に時の為政者・藤原道長に重用されたことは有名である。

賀茂家を継いだ保憲は、実子・光栄に暦道を、晴明には天文道を伝えている。これによって賀茂家と安倍家とで陰陽道を二分する基礎ができた。

なお、土御門家は晴明の子

「安倍泰成調伏妖怪図」美女に化けて数々の悪行を重ねてきた九尾の老狐だったが、皇道を妨げようとしたところを安倍の泰成に見破られて調伏された。国立国会図書館所蔵

孫・安倍有世を祖としており、陰陽師が初めて公家の地位に就いた家柄として有名である。

一方で、陰陽師は基本的に陰陽寮に属する公人だが、同様の能力を持ったヤミの陰陽師もいた。晴明に勝負を挑んだことで知られる芦屋道満（道摩）がその代表格であろう。『宇治拾遺物語』や『十訓抄』には次のような話が載っている。

堀川左大臣・顕光の依頼を受けた道満が、道長に呪いをかけようとしたところ、道長の愛犬が激しく吠えたてて主人になにごとか異常を知らせた。道長はすぐに晴明を呼び、事の真相を判じさせた。晴明は周到に用意された呪法に気づき、式神を飛ばして術師のところに案内させ、事件が発覚した。道満は播磨に流罪となったという。

陰陽師は人の依頼によって呪詛を行い、それは命を奪うことができるほど強力なものだった。だが、それを見破り、呪詛を払い返す術を持った陰陽師もいる。

要するに、彼らは呪術を使って、貴族たちの代理戦争を行っていたのだ。

人を呪うと墓はふたつ必要!?

昔から「人を呪わば穴ふたつ」という。この「穴」は墓穴のことで、人を呪えば自分もその報いを必ず受けることを諭した言葉なのだ。

もちろん陰陽師だけが呪いの風に吹かれるのではない。それを依頼した者も同様である。
自分が呪詛を受けていると言われれば、誰でもたいていの場合、内心では犯人を特定している。それは呪詛を受ける心当たりがあるからである。心当たりがなくても、陰陽師が告げる人物像に近い人物を思い描き、その人との諍いを思い出すことで自分を納得させるだろう。つまり、人なら必ず持つ嫉妬や羨望といった負の感情を恐れる気持ちこそ「呪詛」の正体なのだ。

もちろん気づかないうちに負の感情を受けていることもある。政略によって人を出し抜き、常に出世を願った平安貴族たちはそれを恐れていた。そのため日常で起こる小さな異変を呪詛の予兆と意味づけ、そばに置いた陰陽師に呪いを返してもらうことで安心したのである。

現代にもいる陰陽師の末裔

それでは「呪詛」とはただの迷信に過ぎないのだろうか？

高知県香美郡物部村には、陰陽道の伝統を受け継ぐ「太夫」と呼ばれる宗教者がいるという。

彼らは「いざなぎ流」という宗教に携わり、人の依頼を受けて祭祀や儀礼を行う。「いざなぎ流」の成立について詳しいことはわかっていないが、五行祭や荒神鎮めな

ど陰陽五行説に基づく儀式を行うことからその根幹に陰陽道があることは間違いない。

太夫たちは祈祷によって、病院でも治せなかった病を治してくれるといわれている。それは、「呪詛の祝直し」といい、何者かからかけられた呪詛を遠くに祓ってしまうものらしい。

また、彼らはいにしえの陰陽師と同等の呪法を極めているとされるが、それが公に出ることはない。

ただ、物部村では、今でも太夫たちが村人の信仰を集め、頼りにされていることは事実なのである。

太平の時代でも避けられなかった飢餓地獄！

馬を喰い、人を喰い……名も無き者の飢えの記録

戦国時代が終わっても、ひとたび天災に見舞われると、食糧不足や疫病の蔓延で多くの民が犠牲となった。人が人を喰う地獄絵巻、その実態に迫る!?

江戸の三大飢饉の被害の実態

生産力が低く、貧困が当たり前の時代において、飢えとは常に身近なものであった。たった一度の凶作が簡単に人々を死に追いやる。そして、救いの手が差し伸べられることはほとんどない。ただ、そのような生活者の記録はほとんど残されておらず、どれほどの犠牲者が出たかさえ把握されていないのが現実である。

天下が定まり、平和になった江戸時代でさえ、享保十七年（１７３２）、天明四年（１７８４）、天保八年（１８３７）と3回の大規模な飢饉が起こった。

このなかで全国的な被害を出したものは天保の大飢饉だけで、享保の凶作は西日本

のみ、天明の凶作は東北地方を中心としたものだった。

　しかし、豊作だった藩は藩内での米の値上がりを抑えることを優先し、米の移出禁止命令を出している。国内に米は余っていたのに、それは凶作だった地域を救うために使われなかったのだ。

　享保の大飢饉の原因はイナゴの被害であった。近畿から西では、収穫が例年の半分以下だったという地域が46藩もあった。多くの民衆が餓死し、中国・四国・九州での犠牲者は1万2000人とも17万人とも90万人を超えるともいわれる。失政を咎められることを恐れた諸藩が犠牲者数を少なく申告したとしても、この

「安政二年江戸大地震火事場の図」国立国会図書館所蔵

数値にはばらつきがあり過ぎて、どれが信用に足るのかはわからない。

もちろん幕府も救済を行った。1年間で約11万石の米を輸送し、それによって約37万人の命が救われた。しかし、これは幕府領に限られた処置で、一般の大名領には5万石を払い下げたのみであった。

井戸平左衛門（正明）は、盛期が過ぎて産出量が減ってきた銀山の再興という重責を担い、石見国大森に赴任してきた。だが、そのころ西日本ではひどい飢饉が起こっており、領民の苦しみを目の当たりにする。平左衛門は私財をなげうって米を購入すると、領民に粥を与えた。

だが、この飢饉はその程度では乗り切れない。平左衛門はその年の年貢を減免・免除し、さらに幕府の許可を得ずに官庫を開いて幕府に納めるご用米を食べさせ、飢えた領民の命を救った。だが、幕命を尊重しなかったことを理由に代官職を免ぜられると、身柄は笠岡（岡山）に預けられた。翌年、その地で病死したが、実は覚悟の切腹だったともいう。

平左衛門は薩摩藩から甘藷（サツマイモ）を取り寄せ、栽培を広めさせている。それは「甘藷先生」で有名な青木昆陽よりも3年も早かった。最初は栽培に失敗したものの、天明・天保の飢饉の時に銀山領内では餓死者を出さずにすんでいる。領民には「芋代官」「芋殿様」と呼ばれて敬愛された。

天明の地獄

天明二年は天変地異が続いた年だった。七月に浅間山が噴火し、その噴煙が空を覆ったのである。何日も陽が射さず、昼も夜のように暗く、行灯をつけなければいけないほどだったという。焼けただれた岩石が火山から吹き上げられ、それが麓の村に落ちては牛馬や人を焼き殺した。

その後、大量の火山灰が田畑に厚く積もり、利根川の流れさえ変えるほどだった。噴火が治まると、今度は4ヵ月にわたる長雨が続いた。冷たい雨に打たれた作物はまったく育たなかった上、土石流が起き、田畑はきれいに流されてしまった。

人々は牛馬やニワトリ、犬をつぶして食べた。現代からは想像しにくいが、この時代、家畜を食べることは激しい嫌悪を伴う行為であった。感覚的には家畜と人は同等で、家畜を食べることは人食に匹敵するタブーだったのだ。

そして、道に死体がうち捨てられるようになると、野犬があらわれ死肉を食い荒らした。野犬は手足をくわえたまま市中を走り回り、道には死体と食いちぎられた人肉が散乱していた。さらに人の味を覚えた野犬はどう猛になり、生きた人間まで襲うようになった。親を亡くし、守ってくれる者のない幼い子供などはたちまち野犬に襲われて食い殺された。

飢餓と人食の記録

この未曾有（みぞう）の飢饉では、人が人を食べたという話がいくつも残っている。たとえば、ある家で死者が出ると、それはどこからともなく伝わり、近所の者が無心に来るのである。

八戸（はちのへ）の宿場で旅人が聞いたという有名な話がある。

雪の降る日に宿にやって来た女が主人にこういった。

「こちらで爺（じい）さまが亡くなったと聞きました。半身でも片腿（かたもも）だけでもお貸し頂けないでしょうか。うちにも2、3日中に片づく者がおりますので、その節はすぐにお返しにあがります……」

主人は慌てて女を宿の外に追いやるとなにごとか話していたが、そこまでは聞き取れず、やがて女は帰って行ったという。

また、橋の下で死体から腿の肉を削いで籠に盛っている男がいた。何をしているのか聞いてみると、「これに草木の葉を混ぜて、犬の肉だと偽って売るのだ」と言った。人肉を犬や馬、牛の肉だと偽って売ることはよく行われていたらしい。

人食に関する記録では、秀吉が行った鳥取城の兵糧攻めの話が詳細である。

兵糧が尽き、草木も牛馬も食べ尽くした頃――城内の者はみな無惨にやせ細り、飢えに耐えかねた者が城外の敵に向かって「助けてくれ」と泣き叫ぶ有様だった。

飢えの限界を超えたとき、城内で悲劇が起こる。敵の銃弾を受け、瀕死の状態であった者の周りを兵が取り囲んだ。そして、体の節々を切り分け、肉を取り合ったのだ。特に頭は美味で、兵は奪い合って口に含んだという。

飢饉と戦争を同列に考えるわけにはいかないが、やはり人食は人間最大の禁忌である。人を食べたことがわかると、大勢から私刑に遭うこともあった。その者だけでなく一家一門まとめて殺されたのだ。それは本人だけを殺すと家族に復讐されるという理由もあったが、実際は放たれた怒りと憎しみが暴走して、多くの巻き添えを生んだのだという。

悪徳商人による米の買い占め

天保三年の冷夏は凶作を予想させるに十分だった。大雨、台風、洪水という多雨冷害が原因となり、凶作は2年から8年まで続いた。

大坂では一部の商人によって米の買い占めが行われた。各地の凶作や一揆の情報が入ってくるたびに米価はつり上がり、米商は売り惜しみをした。一部豊作だった地域もあったが、藩内から米を出さない政策をとっていたため、追い詰められた民がくり返し暴動を起こした。

どこからも米が入ってこないとわかると、米1石が大坂では銀185匁、江戸では250匁にもなった。地方によっては米のとぎ汁まで売買の対象にされたという。

秋田県男鹿半島では飢えに耐えて耕作を続け、天保八年の秋にようやく豊かな収穫を得ることができた。だが、喜んだ農民が新米を食べすぎて頓死するという事故が何百件も起こっている。

大坂では凶作の危機が過ぎたとはいえ、悲劇はこれから始まった。米がさらに値上がりし、今度は飢饉ではなく、貧困のために餓死する者が出たのである。

最初は死体を土に埋めていた者たちも、次第にそんな体力がなくなり、路上に死体がうち捨てられても誰も気にも留めなくなった。

季節は夏。追い討ちをかけるように疫病が蔓延した。

すっかり体力がなくなったところに病が襲うのである。町医者たちは献身的に看病したが、病人の数が多すぎて、治療どころではない。お救い小屋に収容された患者たちは折り重なるように寝せられ息を引き取った。あれほど栄えた道頓堀、日本橋、難波新地などは見るに堪えない、惨憺たる有様だったという。

『磐梯山噴火の図』火山国日本だけに、日本各地でたびたび噴火や大地震が起こり、大規模な飢饉に見舞われた。国立国会図書館所蔵

昔話に秘められた征服された古代王朝の系譜

改竄された浦島伝説 失われた〝丹後王朝〟

日本各地に残る浦島太郎伝説の元は何だったのか？ 原形を辿るうちに見えてきた、大和朝廷による東方侵攻。伝説は権力に抵抗した敗者の訴えだった!?

浦島伝説の原形

「浦島太郎」は日本人なら誰でも知っている昔話である。亀を助けたお礼に竜宮城に連れて行ってもらうという内容は非常に道徳的で、明治時代には教科書の題材になり、文部省唱歌にもなった。

一般には「桃太郎」や「花咲じじい」などと昔話と同様に思われているが、「浦島伝説」の成立はかなり古い。実はこの話のモチーフは海洋民族の伝承パターンのひとつで、世界中にみられるのである。日本でもっとも古い記録は『日本書紀』である。

「雄略天皇22年の条、丹波国の余杜郡、管川の人、瑞江（水江）浦嶋子という者が

舟で釣りをしていると、大きな亀が釣れた。亀はたちまち美しい女に変わった。浦嶋子は彼女に心を奪われ、妻にした。ふたりは海に入り、蓬莱山に行き、仙人と楽し暮らした」

年代ははっきりしないが『丹後国風土記』の逸文にも浦嶋子の物語がある。また、『万葉集』にも「水江浦嶋子を詠む一首。短歌をあわせたり」（高橋虫麻呂）と浦島伝説をテーマにした長歌と反歌があることから、奈良時代には物語として完成していたと考えられる。ここでは『浦嶋子口伝記』を元にあらすじを説明しておこう。

雄略天皇22年の秋7月、丹後の国与謝郡筒川（管川）庄に住む、水江浦嶋子という美青年が船に乗って釣りをしていた。

３日たっても魚がかからないので、あきらめて竿を引き上げたところ、五色の亀を釣り上げた。嶋子は亀を眺めているうちに居眠りをしてしまった。すると亀は美しい乙女に姿を変え、嶋子を常世の国（蓬莱山）へ案内した。

乙女は嶋子を屋敷に連れて行くと、門で嶋子を待たせ、自分は中に入って両親に嶋子との結婚を許してもらいにいった。この乙女は亀姫（神女）だったのである。

嶋子と亀姫は夫婦となって悦楽の日々を過ごす。

だが、３年が過ぎた頃、嶋子が故郷を思っていることを知り、亀姫は分御霊を入れた玉櫛笥を嶋子に渡して「再び会いたいと思うなら、ふたを開けてはいけません」といい、嶋子を帰した。

久々に戻った水江浦はすっかり荒れていた。筒川で洗濯をしていた老女から「３００年前に嶋子という男が海に出たが戻ってこなかった」という話を聞き、嶋子は常世の国での３年が３００年に相当することを知った。

それから10日ほど過ごしたが、嶋子は亀姫愛しさに、約束を忘れて玉櫛笥のふたを開けてしまった。すると紫の煙が常世のほうにたなびいたかと思うと、嶋子は白髪の翁となり亡くなってしまった。

ここには亀を助けるシーンも竜宮城も登場しない。それどころか、亀姫が嶋子を不老不死の国へ誘い、悦楽の日々を送るという官能的な物語になっている。

この変化は室町時代に『御伽草子』として再編集された際、仏教思想の影響を受け、動物による善良な人間への報恩というテーマが教訓的に付け加えられたためといわれる。なお、「浦嶋子」が「浦島太郎」に変わるのは『御伽草子』からである。

もうひとつの神話

実は浦島伝説に大きな影響を与えた神話があった。記紀にもある「海幸彦山幸彦」である。『古事記』によると、次のような話になっている。

天照大神の孫神である邇邇芸命は、葦原中国を統治するために高天原から降りて、木花之佐久夜毘売を妻とした。姫はひと晩で懐妊し、それを怪しんだ命へ操を立てるために、姫は炎の中で出産する。そうして生まれたのが火照命（海幸彦）、火遠理命（山幸彦）、火須勢理命である。

ある日、兄の海幸彦から釣り針を借りて海に出た山幸彦は、釣り針を失くしてしまう。海幸彦から釣り針を返すようにいわれ、山幸彦は自分の十拳剣を砕いて代わりの針をつくったが海幸彦は許してくれない。困った山幸彦が海で泣いていると、潮の神が現れ、山幸彦を海神の宮へ誘った。そして、海神の娘・豊玉毘売に会うように勧めた。

豊玉毘売は美しい山幸彦をひと目で気に入り、海神も天神の子である山幸彦を歓迎

海幸彦・山幸彦の系図

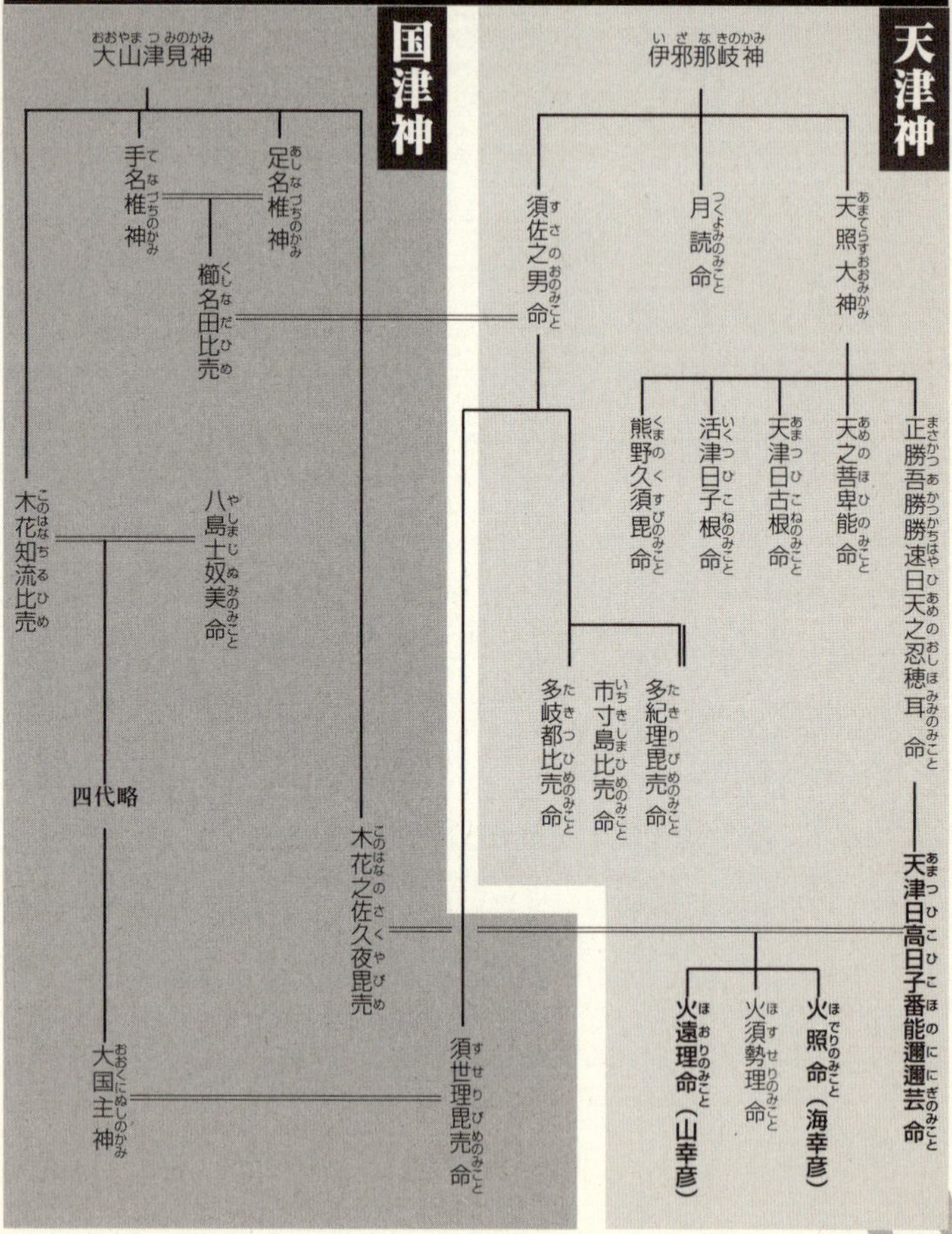
天津神
伊邪那岐神
天照大神
月読命
須佐之男命
正勝吾勝勝速日天之忍穂耳命
天之菩卑能命
天津日子根命
活津日子根命
熊野久須毘命
多紀理毘売命
市寸島比売命
多岐都比売命
天津日高日子番能邇邇芸命
火照命（海幸彦）
火須勢理命
火遠理命（山幸彦）
国津神
大山津見神
足名椎神
手名椎神
櫛名田比売
八島士奴美命
木花知流比売
四代略
大国主神
須世理毘売命
木花之佐久夜毘売

した。ふたりは結婚し3年を過ごしたが、山幸彦は釣り針のことを忘れてはいなかった。相談すると、姫と海神が釣り針を飲み込んだ魚を探してくれたので、山幸彦は一度地上に帰ることにした。

海神は山幸彦に水を支配する「塩満玉（しおみつたま）」と「塩乾玉（しおふるたま）」を渡し、海幸彦に針を返すときの呪文を教えた。海神の助けによって山幸彦は海幸彦を服従させ、以降、海幸彦の子孫・隼人（はやと）族は芸を持って朝廷に仕えたという。

一方、豊玉毘売は懐妊していた。山幸彦に出産中の姿を見ないようにと頼んだのに、好奇心に駆られた山幸彦はのぞいてしまう。そこには八尋（やひろ）もある大きなワニが出産の苦しみにのたうっていた。本当の姿を見られた豊玉毘売はそれを恥じ、この世と海神の国の境を塞いだまま海神の国に帰ってしまった。

なお、山幸彦と豊玉毘売の孫にあたるのが神武天皇である。

一見、「浦島伝説」に似ているとは思えないが、話の細部には共通点が見いだせる。

●海神の国と常世の国（蓬莱山）
●亀姫と豊玉毘売
●3年後の帰郷
●男性が約束を守らなかったことによる永久の別れ

「浦島伝説」と神武天皇（大和朝廷）の関係がここで少し見えてきた。

伝承に隠された大和朝廷の侵攻

「浦島伝説」にまつわる神社は日本各地にあるが、やはりいちばん多いのは風土記に記述のある丹後国（京都）である。ここで注目したいのが、丹後国天橋立の北側・成相山の麓に今もある「籠神社」だ。

このあたりは古代・中世にわたって丹波地方の中心であり、近くの遺跡からは縄文・弥生時代の土器や奈良・平安時代の瓦などが多く発掘されている。実際、籠神社の歴史は古く、平安時代に編纂された『延喜式』にはすでにその名が確認できる。

籠神社の主祭神は彦火火出見尊（別名・彦火明命）であるが、その存在について触れる前に、神社と浦島伝説の関係を確認しておこう。縁起には次のようにある。

浦島乙姫伝説は、彦火火出見尊が竹で編んだ〝籠船〟に乗って海に出られ、海の彼方の海神の国へ行くところから始まる。昔の日本では「籠」を「コ」と発音し、この籠神社も「籠之大明神」「籠宮」と呼ばれていた。

籠神社を祀る海部氏族の日下部氏が、この祭神伝承を民話として語り継いだのが浦島乙姫伝説である。つまり、浦嶋子は籠神社の祭神・彦火火出見尊の分身であり、乙姫は海部氏族の女系祖神の象徴なのである。

籠神社の主祭神である彦火火出見尊が浦嶋子のモデルであり、この地から海神の国に向かったことがはっきりと記されている。さらに浦島乙姫伝説は日下部氏の先祖伝承であり、それが全国に広まったというのだ。

神社には「海部氏本系図」が残されており、国宝にも指定されている。それによれば彦火火出見尊は丹波国に降り立ち、「息津鏡（おきつかがみ）」と「辺津鏡（へつかがみ）」をさずけたという。注目したいのは、海部氏の祖先は彦火火出見尊を天孫降臨した邇邇芸命の〝弟〟としている点である。

つまり、浦島伝説の主人公は、邇邇芸命の子である山幸彦でないことになり、さらには大和のもともとの支配者も神武天皇の系統でなかったことになる。後世の文献で、「彦火火出見尊＝山幸彦」としたり、邇邇芸命の「第四子」としたりするのは、この事実を隠すためではないだろうか。

「彦火火出見尊＝浦嶋子」とする伝承は長らく顧みられることがなかったが、昭和六十二年（１９８７）に籠神社でふたつの鏡が見つかったことから考古学界で注目を浴びることになった。息津鏡は近くの墳墓から出た埋葬品である可能性もあるが、辺津鏡は京都大学名誉教授・樋口隆康氏によって籠神社の伝世品であると断定されたのである。

実際、『日本書紀』にも、彦火火出見尊の支配を思わせる記述がある。

神武天皇の東征のときのことである。天皇が大和の国に着くと、長髄彦（ながすねひこ）が来て「この国は天神の御子・彦火火出見尊が先に降られ、統治しておられます。天神の御子に二種あるはずがありません。なぜ、天神の子と名乗り、人の国を奪おうとするのですか?」と申し上げた。

神武天皇が「天神の子はたくさんいるのだ。彦火火出見尊が本当の御子であるなら証拠をもっているはずだ」というと、長髄彦は彦火火出見尊の天羽羽矢(あめのははや)1本と歩靫(かちゆき)を見せた。神武天皇はこれを本物と認め、自分も天羽羽矢一本と歩靫を見せた。

これを聞いた彦火火出見尊は、神武天皇が正当な君主であることを知り、軍勢を引き、恭順した。神武天皇は先に降った神が忠誠を誓ったことに褒美を取らせた。この彦火火出見尊の子孫が物部氏(もののべ)である。

これらの情報を整理すると、彦火火出見尊は〝海部氏〟と〝物部氏〟の祖であるこ

『姿八景　姫垣の晩鐘・浦島の帰帆』
国立国会図書館所蔵

とがわかる。

さらに、彦火火出見尊は邇邇芸命より先に降臨して、丹後地方を治めていたようだ。物部氏の最初の勢力地は生駒（いこま）山麓の日下（くさか）であった。これは浦島伝説を語り継いだ日下部氏につながる。彦火火出見尊を祖とする氏族が、大和朝廷よりも先に丹後に勢力を広げていたことは間違いない。

さらに丹後は古墳地帯としても有名である。銚子山（ちょうしやま）古墳や明神古墳クラスの古墳をつくるだけの力を持ち、天孫降臨伝説をもつ籠神社を祀った海部氏族による王朝があったと考えられるのだ。

浦島伝説は先住民族であった海部氏族によって語り継がれ、地域伝承として全国に伝播していく。『丹後国風土記』では自分たちの先祖である日下部氏の始祖伝承として詳細に記された。だが、大和朝廷の記録である『日本書紀』では丹後の民間伝承として数行触れているに過ぎない。

こうしてみると、海幸彦の山幸彦への服従という記述の裏にも、大和朝廷の隼人王朝への侵攻という歴史が隠されていると想像できる。

唯一神話にルーツを持つ昔話「浦島伝説」。そこには大和朝廷に滅ぼされた海部氏らの悲しい歴史が秘められていたのである。

実話が恐怖のスパイスとなり怪談ブームに沸いた江戸！

江戸人は怪談がお好き!? 本当にあった怖い話

怪談好きは今も昔も同じだが、現在に語り継がれる名作が生まれたのは江戸時代。特に男女の仲がこじれた末の祟りは、我が身を省みて人々を恐怖させた!?

「百物語」のルーツは鳥羽上皇にあり

新月の夜、１００本の灯心（とうしん）を立てた行灯（あんどん）を用意した部屋に数人で集まり、怪談をひとつするたびに灯心を消していく。99話が終わり、１００本目の灯心が消されたとき、闇の中で真の怪が起こる……今では誰もが知っている「百物語」という遊びは、江戸時代に粋人の間に広まった。

時間が経つに従って、部屋はどんどん暗くなっていく。そのなかで怪談を聞くと怖さはいっそう増してくる。彼らはそんな趣向を楽しみ、99話で止めて朝を待つのが暗黙の了解だったらしい。『伽婢子（おとぎぼうこ）』（寛文六年・１６６６）には百物語の作法が詳細に記されている。

しかし、この「百物語」の起源は、実は平安時代までさかのぼる。

鳥羽上皇が灸治を受けるときに退屈を紛らわせようと、近侍たちに物語をさせた「巡物語」がその始まりだという。また、寺院での夜通しの勤行や宮廷や城内で夜伽の番を勤める者たちが、目覚ましのために行っていたことも記録に見える。

それにしても江戸人は怪談・奇談が好きだった。

『諸国百物語』（延宝五年・1677）、『御伽百物語』（宝永三年・1706）など、〝百物語〟

『怪化百物語』三木愛華（愛花仙史）著。国立国会図書館所蔵

を冠した本が多数出版されたほか、江戸中期には上田秋成による名作『雨月物語』（安永五年・1776）が完成している。

怪談と歌舞伎

歌舞伎でも『東海道四谷怪談』『皿屋舗化粧姿視（皿屋敷）』『伊達競阿国戯場（累）』など、怪談に想を得たものが多い。

●東海道四谷怪談

四谷怪談はもともとは鶴屋南北の作品で、『仮名手本忠臣蔵』の外伝として上演される。

基本的な展開は、「貞女であるお岩が夫・伊右衛門に殺され、幽霊となって復讐する」というものであるが、実はこのモデルとなる事件が元禄時代に起こっていた。田宮又左衛門の娘・お岩は、浪人・伊右衛門を養子に取り幸せに暮らしていた。しかし、伊右衛門は心変わりをし、一方的な離縁をしたために、お岩は狂乱の末に行方不明になった。それから田宮家に不幸が続き、お岩の魂を慰めるためにお岩稲荷（新宿区）を建てたという。なお、お岩の墓は妙行寺（豊島区）にある。

●皿屋舗化粧姿視

この作品は、井戸に現れては皿を数えるお菊の姿が有名な怪談である。

物語には複数のヴァリエーションがあるが、10枚1組の家伝の皿を割ってしまったお菊が主人に手討ちにされ、井戸に投げ捨てられる（井戸に吊り下げられ1本ずつ指を切られたとも）。その後、成仏できぬ霊が井戸に現れては皿を数えるというもの。この怪談は播州(ばんしゅう)姫路城、摂州(せっしゅう)尼崎、温州(うんしゅう)松江でも語られている。

元になったのは、稀代(きだい)の悪女・千姫が番町に住んでいた頃、愛人の侍とその恋人であった侍女を殺し、井戸に投げ込んだという伝説である。なお、番町の帯坂は、折檻(せっかん)に耐えかねたお菊がほどけた帯をひきずって逃げた坂なのだという。

『新形三十六怪撰』の「皿やしきお菊の霊」大蘇（月岡）芳年筆。国立国会図書館所蔵

●伊達競阿国戯場

これは、伊達騒動に累伝説を組み合わせた桜田治助作の歌舞伎である。「累」とは怪談の女主人公の名で、下総国の百姓・与右衛門の妻である。母親が醜い子を川に流して殺した祟りを受けて、累は非常に醜い顔で生まれてきた。その上、性格も嫉妬深く、耐えかねた夫に殺され鬼怒川に捨てられる。与右衛門が再婚するたびに累の怨霊が取り付いて次々と殺していくが、最後に祐天上人の祈念を受けて成仏した。

歌舞伎作品には累を主人公にしたものが多くあり、「累物」と呼ばれる。ここで登場する祐天上人は実在の人物で、5代将軍・綱吉の生母・桂昌院が深く帰依したことでも知られる。

お岩・お菊・累の3人に匹敵する男の幽霊といえば、小幡小平次が挙げられる。幽霊役が上手で「幽霊小平次」の異名をとった小平次は、妻であるお塚の愛人・左九郎に海へ突き落とされ殺される。だが、左九郎がお塚の元に帰ると、なぜか小平

次が床に臥せっていた。その後、左九郎とお塚には怪異が起こり、「これは小平次の怨霊のせい」と恐れた。結局、ふたりは非業の死を遂げる。

その間も小平次は舞台に立ち、その演技はますます評判になっていったという。生前から幽霊役に長(た)けていたため、本当に幽霊になって客の前に現れても、死者と気づかれなかったのである。

この話は山東京伝(さんとうきょうでん)が読本(よみほん)『復讐奇談安積沼(ふくしゅうきだんあさかのぬま)』を書いたことで人気となったが、実は小平次にはモデルになった役者がいた。彼もまた妻の愛人に印旛沼(いんばぬま)に沈められ殺されたのだという。

「錦絵　小幡小平次」一寿斎国貞画。右端が安達左九郎。隣が小幡小平次。国立国会図書館所蔵

英雄ヤマトタケルに斃された一族の悲惨な末路とは？

動物にされた人々！大和朝廷の異民族討伐

勝者が残した歴史書は、真実を語っているとは限らない。神話や伝承に登場する妖怪や蛮族と表現される未開の民。彼らの真の姿とはいかなるものか!?

英雄ヤマトタケルを苦しめた勇猛なる辺境の民とは？

『古事記』『日本書紀』が示すのは大和朝廷が残した勝者の歴史である。

神話時代を経てそのはじまりには、神武天皇の東征や景行天皇の命を受けて西国の熊襲（くまそ）征伐を行うヤマトタケル（倭建命・日本武尊）の姿が描かれており、朝廷が全国を統制していく過程を読むことができる。

しかし、初期の大和朝廷は中央集権と呼べるほど強大な権力を持っておらず、東北や関東、九州にはまだ強大な豪族が勢力を張っていた。

朝廷は〝辺境〟に住む中央にまつろわぬ者を異民族として討伐の対象にした。その最たるものが「蝦夷(えみし)」であり、「土蜘蛛(つちぐも)」であり、「隼人(はやと)」である。辺境とは、もちろん大和朝廷サイドからの一方的な視点で、彼らが自らそう表したわけではない。

「蝦夷」は「毛人」とも書かれ、東の夷の国に住む民をいう。これをアイヌ民族とする説もあるが、現在では特定の民族を指す言葉ではないと考えられている。

彼らは冬は穴の中に住み、飛ぶ鳥のように山を登り、獣のようにすばやく草地を走り、王に従わない強力な民であった。

西征を終えたヤマトタケルは、父王の命令ですぐにこの蝦夷征伐のため東国へ向かう。それは軍兵も与えられない過酷な戦(いくさ)だった。海峡の神が波を起こして行く手を阻むと、妻である弟橘媛(おとたちばなひめ)が身を呈して神をなだめた。

妻の死を嘆きながらもヤマトタケルの東征は続く。

『新形三十六怪撰』「源頼光土蜘蛛ヲ切ル図」
国立国会図書館所蔵

彼は東国の神や人を平定し、やがて自分の命も落とすのだが、ここで蝦夷が荒ぶる神と同列に扱われているのは、中央からみて蝦夷がいかに畏怖すべき存在であったかの証明といえよう。

また、「蝦夷」は「竪穴住居に住み、五穀を持たず肉を食し、矢や刀で人を襲う」と、いかにも辺境に住む未開の民のように描かれているが、実際は東北地方から弥生時代前期の水田跡が発見されている。つまりすでに稲作を行っていた民を、朝廷への反逆者として印象付けるために野蛮な狩猟民と捏造した可能性もある。

「土蜘蛛」も神武東征説話で討伐の対象とされた異民族で、その姿は「尾があり」「体が短く手足が長い」とされている。彼らは穴居し、果実やカエルを食料とする地に潜む邪悪な者として描かれている。

『常陸国風土記』には国巣の人々のことを「ツチグモ」「ヤツカハギ」と呼ぶと記されている。「ヤツカハギ」とは「長い脛」という意味で、土蜘蛛の特徴と一致する。ここでも彼らは大和朝廷に逆らう集団として扱われている。

隼人族の祖・海幸彦vs神武天皇の祖・山幸彦の対決！

九州でもっとも激しく朝廷に抵抗したのが隼人であった。ちなみにヤマトタケルが西征の際に戦った熊襲は、この隼人と系統が同じと考えられているが、〝熊襲〟の名は神話にしか登場しない。大和朝廷も隼人にはひどく手を焼いたらしく、記紀神話のなかでも特徴的である。

「浦島太郎伝説」のところで詳しく紹介したが、隼人族の祖先は火照命とされており、これは別名・海幸彦である。

「山幸彦海幸彦」神話のなかにこのような話がある。

山幸彦が兄の海幸彦に釣り針を返すとき、「この針は貧乏針悲しみ針」といって、後ろ向きに渡した。すると海幸彦は思うように漁ができなくなり、瞬く間に貧しくなっていった。これは海神が山幸彦を守っているからであった。

海幸彦が攻めてきたので、山幸彦は塩満玉を使って兄を溺れさせ、降参すると塩乾玉を出して救った。海幸彦は山幸彦への服従を誓い、溺れたときの姿を演じて芸人として仕えたという。

『日本書紀』によると、隼人舞はふんどしをつけ、手のひらを赤く塗り、徐々に水に沈みながら苦しむ様子を真似たものだという。これは隼人族の服従を意味したものであろう。

この舞は大嘗祭（天皇の即位後、最初の新嘗祭のこと）でも演じられ、天皇行幸の際には犬の遠吠えを真似て声を発して悪霊から守った。海幸彦と山幸彦が兄弟とされているのは、大和朝廷と隼人の問題がいかに大きかったかを示している。南九州で勢力を広げていた隼人族は勇猛果敢で、最期まで朝廷を悩ませた民であった。

隼人族の反乱を鎮めた宇佐八幡神

大分県の宇佐八幡宮には、奈良時代に起こった隼人と朝廷との戦いが起源となっている「放生会」という行事がある。放生会とは本来は不殺生の思想に基づき、捕らえられた鳥や魚などを山野や池沼に放ち返してやる仏教の儀式をいう。

養老四年（７２０）、大隅と日向の隼人族が反乱を起こし、大隅国守を殺害した。討伐軍の大将には、万葉歌人としても知られる大伴旅人が命じられた。

朝廷が戦勝祈願をしたところ、宇佐八幡神は僧侶を引き連れ、自ら出陣するという託宣を下した。

そして、宇佐八幡神を乗せた神輿は南に下った。法蓮、華厳、覚満、体能ら僧たちは竜頭の船を出し、陸には狛犬を、空には水鳥を飛ばして隼人を圧倒した。その力に驚いた隼人たちは７つの城に籠城する。

奴久良・幸原・志加牟・神野・牛屎の５つの城は陥落したが、石城と比売之城は最後まで抵抗した。すると千手観音の随神が現れ、細男舞を舞って見せた。神が帰ると、隼人たちは蟹、蜷（巻き貝）、蛤に姿を変えられていたという。

この反乱で殺された隼人族は１４００人ともいわれ、鹿児島県隼人町と国分市には彼らの墓である「隼人塚」が祭られている。また、宇佐八幡宮の近くにも持ち帰った隼人の首１００個を埋めた「凶士塚」がある。

その怨霊は国中に病気をもたらしたため、怒りを鎮めるために境外末社「百体社」がつくられた。

そして、神亀三年（７２６）、さらに放生会の神託が下され、天平十六年（７４４）には和間ノ浜で鎮魂の儀式が行われた。海まで神輿を進め、細男舞を奉納し、隼人たちの生まれ変わりである蜷を海に放ち、隼人族の霊を鎮めたのである。

隼人の慰霊のためにつくられたとされる隼人塚。

国家の行く末を占った初代内閣総理大臣・伊藤博文

近代まで続く日本人の神仏頼み

占い好きは何も現代の若い女性ばかりではない。魑魅魍魎を恐れた平安時代の権力者はもちろんだが、明治時代になっても、占いを信じる政府要人は多かった。国家の命運まで占った伊藤博文お抱えの占い師とは？

政局を易占に頼った伊藤博文、政界の要人は占い好き!?

占いといえば、今や悩み解決の手段として、若い女性を中心に気軽に試されている。しかし、もともと占いは、いにしえより一国を担う権力者の間で用いられ、一部の占術は門外不出、秘技とされていた。

近年では、アドルフ・ヒトラーが占星術師であるカール・エルンスト・クラフトを重用し、軍事作戦の多くを占いに頼ったといわれている。また、アメリカのレーガン大統領にも、お抱え占い師ジーン・ディクソンがいたことは有名だ。ジーン・ディクソンは、ケネディ暗殺を予言したとして有名になった人物で、ノストラダムス、エドガー・ケイシーと並び、世界三大予言者の一人と称されている。

日本では、古来占いは、国家機関である陰陽寮の専売特許であった。陰陽寮は、明治三年（1870）土御門晴栄を最後に廃止されるが、占いと政府要人とのつながりは、その後もなくなったわけではない。

初代内閣総理大臣に就任した伊藤博文は、「易占（えきせん）」を政治に用いた人物として知られており、実際、伊藤博文文書に「明治二十七年易占」が残っている。

伊藤博文が占わせた明治二十七年の運勢とは？

易占とは、古代中国・周の時代に体系的にまとめられたもので、簡単にいえば八卦（はっけ）（「当たるも八卦」はここから来ている）の組み合わせの六十四卦の卦象、卦辞、爻辞（こうじ）から天地の法則を割り出そうというものである。

伊藤博文文書には、明治二十七年の運勢から政策課題、27名の要人の運勢まで具体的に記されている。

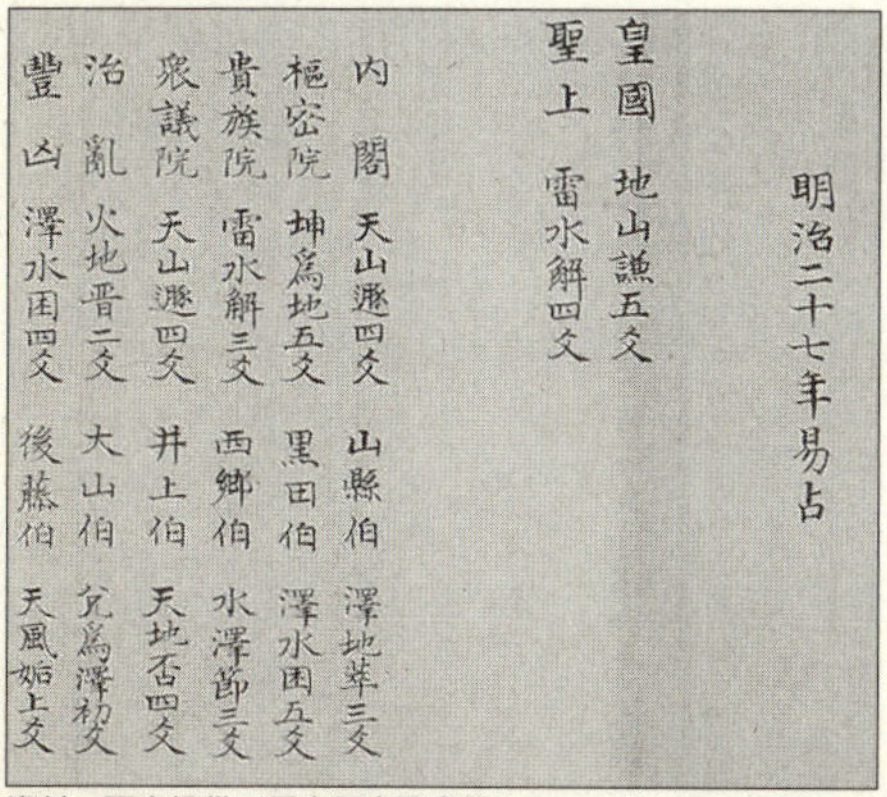

明治二十七年易占

皇國　地山謙五爻
聖上　雷水解四爻
内閣　天山遯四爻　山縣伯　澤地萃三爻
樞密院　坤爲地五爻　黒田伯　澤水困五爻
貴族院　雷水解三爻　西鄉伯　水澤節三爻
衆議院　天山遯四爻　井上伯　天地否四爻
治亂　火地晋二爻　大山伯　兌爲澤初爻
豐凶　澤水困四爻　後藤伯　天風姤上爻

資料・写真提供／国立国会図書館

明治二十七年（1894）といえば日清戦争が勃発し、治外法権撤廃の条約がなされた年にあたる。皇国の「地山謙五爻」は、「隣国と富を分かち合うべきだが、従わないときはこれを滅ぼしてもかまわない」と読み解ける。

条約改正の「山地剥二爻」は、「国家の根底を揺るがすほどの凶事」につながるので、考え直すべきだと解釈できる。ちなみに伊藤博文本人の「沢山咸五爻」は、「無欲が勝ち」といったところか。

この占いを行った人物の名は記されていないが、伊藤博文の親戚にあたり、日本の近代易学の祖として名高い高島呑象と考えられている。

高島呑象は、明治四十二年（1909）にハルビンに向かう伊藤博文に、「艮為山三爻」という身を危うくする卦が立ったので動くべきではないと忠告したともいわれている。

結局、ハルビン行きを取りやめることができなかった伊藤博文は、この年、3発の銃弾を腹部に受け絶命した。予言の的中を身をもって知った伊藤博文。最期の瞬間、何を思ったのだろうか。

日本最強の怨霊・崇徳上皇の恨みとは？

慶応二年（1866）十二月、徳川慶喜が15代将軍に就任した直後、第121代孝明天皇が疱瘡（毒殺とも）によって崩御した。翌年一月に睦仁親王（のちの明治天皇）の践祚（天皇の位を受け継ぐこと）式が行われたが、このときから天皇は昼夜を問わず父の亡霊に悩まされ、結局、即位式が行われたのは八月二十七日になってからだった。

実は、この前日の二十六日は、菅原道真や平将門と並び日本史上最強の怨霊といわれる崇徳上皇の命日にあたる。親王は上皇の墓がある四国讃岐の「白峯陵」に勅使を送り、命日に「京に宮を用意しましたので、長年の恨みを捨ててお戻りください」と宣命を捧げ、怨霊を鎮めてから即位した。

崇徳上皇が生きた平安時代末期は、武家の勢力が台頭、上皇による院政と藤原家嫡流による摂関政治という、長く続いた権力構造が大きく揺らいだ時期であった。保元元年（１１５６）、崇徳上皇（第75代崇徳天皇）は、第77代後白河天皇に対し皇位継承をめぐってクーデターを起こす（保元の乱）。このときに後白河天皇サイドについたのが平清盛、源義朝（頼朝の父）らで、彼ら武家の勢力のはたらきによってクーデターは防がれた。

崇徳上皇は四国の讃岐に流され、源為義（義朝の父）ら味方した者は死刑となった。上皇は流刑先の讃岐から許しを乞うが認められず、「魔王となって天皇家を滅ぼす」と恨みを抱いたまま46歳で没する。

崇徳上皇を祀った明治天皇

その上皇の怨念はすさまじく、たびたび京に現れ、災難をもたらしていた。そのため、歴代の天皇は怨霊鎮めの祭礼を行ってきたが、特に命日はその怨念は増すといわれ、睦仁親王が13歳のときの700年忌にも禁門の変を起こし、親王を卒倒させたといわれている。

父・孝明天皇は、このとき京都に上皇を祀る白峯宮（京都市上京区今出川通飛鳥井町）を建立し、その霊を招き鎮めようと考えた。しかし、自らの死により計画は中断。父の遺志を受け継ぎ完成させたのが、睦仁親王だった。

九月六日、白峯宮に崇徳上皇の御霊を奉祀すると、同月八日、年号が明治に改元された。

『大日本史略図会 第七十六代崇徳天皇』国立国会図書館所蔵

第四章

ニッポンの色恋事情
スキャンダル

タブーを犯すことに背徳的な喜びを見いだした⁉

罪ではなかった古代の近親相姦

衆道が誕生し、男色が一世を風靡した平安～江戸時代。それよりはるか昔に、日本の文化に根づいた色恋文化の一つに「近親相姦」がある。といっても、古代社会では世界的によくある出来事で、古代日本でも現在のようにタブーとはされておらず、とくに母親が異なれば結婚が認められていた！

兄弟姉妹との近親相姦はタブーではなかった

近親相姦（近親姦）はインセストタブーとされ、近親者との結婚は、どこの国でも禁じられている。ただ、近親者をどの範囲まで含めるかは国・地域によって大きく異なる。たとえば、日本では「いとこ（父母の兄弟姉妹の子ども）」との結婚は認められているが、米国の場合、半分ほどの州では禁じられている。

古代日本の場合、近親相姦は、さほどのタブーではなかった。特に兄弟姉妹との性交渉や結婚は、あっけらかんと行われていたようだ。たとえば、「六月の晦の大祓と十二月はこれにならへ」と呼ばれる祝詞がある（祝詞とは神社や神道のセレモニーの

際、神官によって唱えられる「神を祭る言葉」のこと）。

「六月の晦の大祓」は六月と十二月の最終日に、半年間のさまざまな罪を祓い清めるために唱えられるものだ。その中に「おのが母犯せる罪」「おのが子犯せる罪」「母と子と犯せる罪」「子と母と犯せる罪」「畜犯せる罪」といったものがある。

「おのが母犯せる罪」「おのが子犯せる罪」は、いうまでもなく近親相姦、「畜犯せる罪」は獣姦を指す。「母と子と犯せる罪」「子と母と犯せる罪」は自分の肉親を対象としたものではない。

あくまで男性側の視点だから、女性の気持ちは斟酌されていない。レイプか、それに近いケースも当然あったろう。ただ、だから罪とされたのではなく、禁忌にふれる行為だったから罪となったわけだ。獣姦の対象となった「けもの」がいったいなんだったか興味深いが、残念ながらわからない。

注目して欲しいのは近親相姦に関するタブーをあげながら、「おのが姉妹犯せる罪」がないことだ。ないことに大きな意味がある。古代であっても、さすがに自分の母親や子どもとセックスするのはタブーとされていたが、姉妹との性交渉はタブー視されていなかったことがわかる。

男女の性器をかたどった男女二神。イザナギ・イザナミの名前がつけられている。(了仙寺所蔵)

最初の近親婚、イザナギとイザナミ

そもそも、母や子とのセックスにしても、罪としてあげられてはいるものの、キリスト教の原罪のように重々しいものでもない。ケガレと、ほぼ同意語といっていいだろう。

手についた汚れが水で落とせるように、ケガレは比較的たやすく清めることができる。この祝詞にも「半年に1回、きちんとお祓いさえしたら、すべての罪は免除されるから、あとは思いわずらう必要はないよ」との主張が込められている（征服者の側の身勝手な言い分ではあるが）。

兄弟姉妹の近親相姦がタブーではなかったことは『古事記』『日本書紀』からもうかがえる。たとえば、ほとんど日本の創世神ともいえるイザナギ、イザナミ。「ギ」「ミ」は現在でいえば「○男（お）」「○子（こ）」にあたるものだから（そういう名前も今では少なくなったが）、名前の中心部分は「イサナ（勇魚＝クジラ）」。同じ名前といってもいいわけだ。

赤の他人でも名前が一致することはありえないことではないが、めったにないことは確か。対して2人が兄妹あるいは姉弟であれば、大いにありえるケースだ。

イザナギとイザナミが初めて結ばれるシーンは、なかなかエロティック。イザナギが「あなたの体は、どんなふうになっていますか」と聞くと、「足りないところが1ヵ所あります」とイザナミ。

「私の体には余っているところが1ヵ所あります。この私の余っているところで、あなたの足りないところを、ふさいで、国土（くに）を生もうと思います」とイザナギが露骨に誘ってセックスを始める。

近親結婚だったことは2人の最初の子・ヒルコが不具だったことからも推測できる（『古事記』）。かわいそうなことに、この子は葦船に入れて流されてしまった。イザナギ、イザナミの子であるアマテラスとスサノオも近親婚の可能性が高い。相手の持ち物である剣と玉（男性器、女性器の象徴かもしれない）を口にふくんで吐き出すという神話的な性交渉を経て、あわせて8人の子を生んでいるからだ。

神話時代にはアマテラスのひ孫にあたるウガヤフキアエズが叔母（母の妹）と結婚したり、神武天皇の子・タギシミミが父の後妻を妻とするなど、後代なら、ひんしゅくを買いそうなことも平然と行われていた。性に対して相当に大らかだったといえる。

同母妹愛し、失脚した皇太子・軽太子

人代に入り、不義の範囲は広くなったが、それでも相当な近親結婚が認められていた。さすがに母を同じくする兄弟姉妹を愛することは不道徳とされたが、母親が異なれば兄弟姉妹に対する恋愛は自由だった。まして叔父と姪の結婚などは、よくある話で、天智、天武天皇は兄弟だったが、互いの娘を妻にしている。

同母姉妹との恋愛が発覚すると、スキャンダルとなった。政略的に利用された面もあったが、木梨軽太子（きなしかるのみこ）と同母妹の軽大郎女（かるのおおいらつめ）の恋愛は悲惨な結末を迎える。記紀に集録された話のなかで、もっとも悲しいエピソードの一つといえるだろう。

允恭天皇が亡くなった後、子の軽太子が皇位を継ぐことが決まっていたが、即位前に軽太子が同母妹の軽大郎女に対して、「たわけた歌」を贈ったとのスキャンダルが流された。次のような歌だった。

あしひきの　山田を作り　山高み
下樋を走(わし)せ　下どひに　わがとふ妹を　下泣きに
我が泣く妻を　昨夜(こぞ)こそは　安く肌ふれ　笹葉に
打つやあられの　たしだしに　ゐ寝てむ後は　人は離(か)ゆとも　うるわしと
さ寝しさ寝てば　かりこもの　乱れば乱れ　さ寝しさ寝てば

確かに寝室で歌われたかのような艶っぽい歌ではある。「下どひに」は「人目を忍んで」の意味。人目を忍んでいるぐらいだから、不道徳な関係にあったのだろうというわけだ。

ただ、人目を忍ばない恋は上品な恋とはいえない上、「妹」は妻や恋人を指す一般的な言葉だから、この歌だけでは同母妹と恋愛関係にあったかどうかはわからない。軽太子が軽大郎女に贈った歌であるとの解説がないと、「たわけた歌」とはいえないのだ。

ただし、スキャンダルが流されると、なかなか打ち消せない。スキャンダルをきっかけに人心は軽太子から離れ、官僚も民衆も、弟の穴穂御子(あなほのみこ)を支持するようになった。

仲のよい兄妹は窮地に陥ったわけだ。

軽太子は身が危ないと思ったのか、以前から頼りにしていた大臣の大前小前宿禰の家に逃げ込んだが、手勢は少ない。穴穂御子は圧倒的な兵を率い、大前小前の屋敷を取り囲む。形勢は明らかに穴穂御子側が有利だ。

「このままでは破滅する」と考えた大臣は軽太子を捕らえ、穴穂御子の手に引き渡した。軽太子は伊予の湯へ流される。軽大郎女は軽太子を追って伊予に赴き、ともに自殺したと伝えられる（書紀には軽太子は大前小前宿禰の屋敷で自殺したと書かれている）。ライバルを葬り去った穴穂御子は即位し、安康天皇となった。

島崎藤村の近親愛スキャンダル

近代の近親愛スキャンダルといえば、文豪・島崎藤村のそれも名高い。姪の島崎こま子（藤村の次兄・広助の次女）と恋愛・出産事件を起こしてしまったのだ。

藤村が最初の妻・冬を亡くした翌明治四十四年（1911）、こま子が家事を手伝うために藤村のもとへやってきた。藤村は39歳、こま子は20歳。親子ほども年は離れていたが、男女の関係になるのに時間はかからなかった。

こま子の回想によると、真夜中に、ふとした気配で目覚めると、藤村の顔が目の前にあったそうだから、最初はレイプ同然に関係を持ったのではないか。やがて出産。

ちょうど『家』を連載しているころで、藤村はすでに文豪として名をなしていた。大スキャンダルに発展しそうであることを見てとった藤村は、こま子との関係を清算する目的もあって、大正二年（1913）、フランスへ逃げ出した。

三月に神戸を出航、五月にパリに到着。途中、南仏リモージュ市滞在をはさんで、パリで3年間生活し、ほとぼりが冷めた大正五年に帰国した。作家だけあって、藤村は実にしたたか。大正七年からは、こま子との恋愛の経緯をつづった小説『新生』を朝日新聞に連載している（こま子は節子という名前で登場する）。

経緯だけ見ていると、藤村は自分の作品『破戒』に登場する堕落坊主にそっくりといっていい。主人公が下宿している寺の住職は、奉公に来ていた若い娘を何度となくレイプする。主人公は娘にほのかな思いを寄せており、事実を知って苦悩する。

タイトルの「破戒」は父の戒めを破る主人公の行動を指しているが、同時に世間のルールにも、仏教の戒律にもそむいた、その坊主のことも意味している。はからずも自身の代表作の中で、将来の自分の行状を予見していたわけだ。

いずれにせよ、エロスへの欲求は高名な文学者であっても抑えがたい。禁忌を犯すことは背徳的な喜びに通じる。タブーであったがために、よけいに熱情をかきたてられたのかもしれない。

遊廓や岡場所など風俗店の流行とともに梅毒が蔓延！

瘡にかかって一人前!? 恐るべき梅毒の流行

遊び上手こそ「粋」とされた時代、梅毒にかかって一人前という風潮が広まる。世界的にも多くの文化人が感染した梅毒。その蔓延の様子をかいま見る！

鉄砲より早く日本に伝わった梅毒

日本女性が貞淑であるというイメージは、実は明治時代になってからつくられたもので、江戸時代までは男も女も、色事に関してはおおらかな考えを持っていた。とはいえ、江戸時代でも不義密通がばれると獄門（ごくもん）という厳しい罰則があった。それでも密会の場である出会茶屋などは大繁盛。妻の浮気を表沙汰にすれば、恥をかくのは亭主も同じで、実際は黙認されることも多かったらしい。

フリーの若者たちは婚前交渉はあたり前。古くから日本には「夜這い（よばい）」の風習があったが、これは江戸時代になっても続けられた。しかし、この時代、夜這いの相手がいるのはいいほうだった。江戸の男女の割合は、参勤交代で地方の武士が集まったこともあり、圧倒的に男が多い。幕府公認の風俗店がつくられ繁盛したのも、あぶれた男たちの性の発散の場だったからだ。

しかし、フリーセックスは、思わぬ感染病を広める結果となる。それが、この時代、世界中に拡大しつつあった「梅毒（ばいどく）」である。

もともと梅毒は、アメリカ大陸にしか存在せず、コロンブスが新大陸を発見した際に現地の女性から感染し、持ち帰ったからという説が有力である。この説にはいくつか理由がある。ひとつは15世紀以前のヨーロッパ人の骨には梅毒による変形が見られないのに、アメリカ大陸の先住民の骨からは病変が見つかったこと。もうひとつはヨー

大航海時代には多くの航海者が新大陸発見を夢見て大海原に飛び出した。写真はエンリケ航海王子を先頭に有名な航海者が並ぶポルトガル・リスボンの記念碑「発見のモニュメント」。

ロッパでの梅毒の流行とコロンブスの新大陸発見がほぼ同時期だったからである。

さて、日本に梅毒がもたらされたのは1510年代であった。というのは竹田秀慶が記した『月海録』（永正九年・1512）に、すでに「人民に多く瘡あり、浸淫瘡に似たり、これ膿瘡、翻花瘡の類にして、見るところ稀なり」とあり、これが梅毒の症状と一致するからである。ヨーロッパ人が日本に来て、鉄砲を伝えたのは天文十二年（1543）なので、それより30年も前ということになる。

沖縄と九州の一部では、梅毒を「なばんかさ」「なばる」と呼んだ。これは「南蛮瘡」の訛りであろう。本州では「ひぜんかさ」という。これは肥前（長崎）に行った人が梅毒を持ち込んだからである。こうしてみると南から広がったのは歴然としていて、琉球人、中国人、もしくはヨーロッパ人から感染した梅毒が九州を経由して、日本全国に伝わったと考えられる。

遊廓の女たちと梅毒

梅毒に感染すると、3週間程度で性器に硬結ができ、3ヵ月もすると肌や口の中に赤いしこりができる。太腿の付け根が腫れることもあるが、痛みがないので気づかないことも多い。そして、ここで症状はいったん消えてしまうので、ほとんどはこれで治ったと思ってしまう。

当時、一度瘡ができて治ると、もう梅毒にかからないと信じられており、店はその遊女を勧め、客も安心して遊ぶ。さらにこの病気にかかると妊娠しにくいことを経験で知っており、色里で働く者にとっては一見いいことずくめである。だが、これは初期症状。感染力が失われたわけではなく、この間にも梅毒はどんどん広がっていく。

リンパ節で増殖した病原体が全身に回りだすと、性器にイボができたり花びらのような赤い発疹がでたりするが、これはできては消えてしまうので、たいしたことはないと思ってしまう人も多かった。

3年も経つと症状は全身に現れる。口の中が腫れ、筋肉や骨に結節ができ、鼻の軟骨が崩れて、鼻がつぶれてしまう。これがいわゆる「鼻が落ちた」状態である。ここまで容姿が衰えると遊女としては使い物にならない。吉原を追い出され、セックス1回で数百円という最下級の遊女である夜鷹になったり、生きたまま投げ込み寺に捨てられた例もあった。

末期に近づくと血管が侵され、動脈瘤ができる。これが破裂して命を落とすことが多い。毒が脊髄や神経にまわると、激しい痛みを伴う悲惨な状態となる。それが脳に達したのが脳梅毒で、痴呆となる。

現在では有効な治療法があるためここまでひどくなることは少ないが、江戸時代では鼻が落ちた人は珍しくなかった。川柳の「親の目を　盗んだ息子　鼻が落ち」とはこのことである。

病気の管理は自己責任という政策が感染を拡大

梅毒は感染力が強い病気である。性病であるから、江戸時代でも感染経路はよく知られていた。吉原などは幕府公認の娼館だったが、病の感染を管理する機関はなかった。幕府の言い分は「体は本人のものであって、責任は自分にある。それに口出しすることは幕府であってもできない」というものである。

16世紀の宣教師ルイス・フロイスは「ポルトガルでは梅毒にかかったらそれは破廉恥で不潔なことなのに、日本人は男も女もそれを普通のこととして恥じていない」と驚いている。それは江戸時代に入っても変わらなかった。客にすれば、むしろ梅毒にかかることは一種の自慢で、遊びを極めていると見られたのである。

だが、鎖国が解かれると、そうも言っていられなくなった。

特にイギリスは世界の海を制覇したあと、各国の性病が国内に持ち込まれ大変苦慮した国であった。そのため、開国した日本に徹底した検梅制度を求めたのである。これには日本も応じないわけにいかず、新吉原など各地の遊廓（ゆうかく）に梅毒病院をつくり、遊女の健康管理をするようになった。

『解体新書』で有名な杉田玄白（げんぱく）は、回顧録の中で「梅毒ほど世に多い難病はなく、これを治療する人もいない。それで治療法を研究したがどれも効果がなかった。毎年１０００人治療する中に梅毒患者は７００～８００人いた。50年も治療を続け、その患者は数万人というのに全快した者はいない」と記している。

玄白がこれほど真摯（しんし）に取り組んでも治すことができなかった梅毒は、１９１０年に開発されたサルバルサンによって治療も可能になった。だがそれも強い副作用が出る薬で治療には使えなかったという。１９４０年代になってペニシリンによる治療が始まり、ようやく梅毒による死者を減らすことができたのである。

深川の置屋（おきや）の昼間の風景。手前にいるのが梅毒で床についた女郎。
『絵本時世粧（えほんいまようすがた）』東北大学附属図書館所蔵

男余りという実情に幕府も認めた娼館&遊女の料金とは？
吉原太夫から夜鷹まで江戸男の性欲発散の値段！

江戸時代、男余りの社会で繁盛したのが遊廓だった。幕府公認の吉原は遊ぶ金も高いが、女性のレベルも気位も高い。庶民はもっぱら、しきたりもなく金も安い岡場所に通い詰めた！

遊女の歴史と吉原誕生

遊女の歴史は『万葉集』に確認できるほど古く、もともとは神の声を聞くシャーマン的な役割も担っていた。平安末期頃になると、布教しながら舞や謡（うた）を披露し、色を売る「白拍子（しらびょうし）」や「歩き巫女（みこ）」が登場する。

しかし、この時代、遊女はまだまだ神聖視されていた。源義経の愛妾と

して知られる静御前（しずかごぜん）をはじめ、高位の人々に寵愛された白拍子も多く、いずれも高い教養を身につけていたといわれている。

それが、江戸時代に入ると、遊女の役割から神事が切り離され、芸能を生業（なりわい）とする者＝色を売るという図式が定着した。幕府によって「芝居小屋」と「遊廓（ゆうかく）」は〝二大悪所〟とされ、遊女は蔑視される存在となっていく。

戦国末期の京の様子を描いた「洛中洛外図屏風」には、町中で客を取る遊女（歩き巫女）の姿が見られるが、江戸時代になると幕府は吉原を公認する代わりに「吉原の外での売春の禁止」を約束させた。遊女を1

『廓（さと）の明け暮』より「朝帰り上客の後朝」。名古屋市博物館所蔵

カ所に隔離すれば、市中の風紀の乱れや犯罪を抑えられると考えたのである。しかし、それでも町中での売春はなくならず、幕府は取り締まりを強化した。

吉原遊女は庶民には高嶺の花だった

公娼となった〝吉原〟だが、その中には大見世もあれば下流の見世もある。とり揃えている遊女のランクも違うので値段が変わるのは当然だろう。最高位の太夫（花魁とも）やその下の格子がいるような見世は、大名や豪商でなければ遊べないほど高かった。庶民の男性の多くは、店先に並ぶ高級遊女を眺めて満足するしかなかった。

太夫と呼ばれる遊女の最高峰は、容姿端麗であることはもちろん、教養にも優れ、嫌な客なら大金を積まれても断るプライドを持つことが許された。店先に出て客を引くことはなく、自分の部屋で茶屋からの呼び出しを待つのである。吉原初期にはそんな太夫が全体で70名ほどいたという。

幕府は贅沢を禁止したが、太夫は着飾ってこそ華。豪奢な打掛の下に間着を羽織り、金襴緞子の帯を前に長く垂らす。高く結い上げたマゲにはべっ甲の簪や笄を十何本も差すのである。その豪華さは「首から上の価値は家1軒分」といわれたほどである。

そんな太夫の金額はというと、揚代そのものは意外にも金1両（6～10万円）程度。ただし、太夫がつれて歩く妹女郎や遣り手への御祝儀、見世の関係者に払うチップ、それに飲食代などで1回約20両は必要だった。ただし、いくらお金があっても、いきなり太夫と遊ぶことはできない。

まず「初会（しょかい）」は顔見せということで客が宴席を開く。しかし、上座に座った太夫とは、寝屋を共にするどころか会話さえ禁じられている。本当に〝顔を見せる〟だけなのである。とはいえ、揚代も御祝儀も普通にかかる。そして、2回目の訪問となる。前回よりは太夫も打ち解けて、話くらいはするようになる。しかし、まだ同衾（どうきん）（セックス）は許されない。

ちなみに吉原の上級の見世では、一度指名した遊女を代えられない決まりがあった。同じ見世はもちろん、他の見世に行くことも禁止。〝浮気〟がばれると法外な罰金を要求されたり、吉原へ出入り禁止にされたりすることもあった。どうしてもという場合は遊女と見世に金を払って片をつけた。

太夫が来るのを下座に控えて待つ初会の客を描いたもの。『青楼絵抄年中行事』より「初会之図」。国立国会図書館所蔵

3回通って、ついに馴染みの客と認められ、太夫の部屋へ呼ばれるようになる。ここでようやく同衾が許されるが、客はその喜びを〝お金〟で示さなければならない。普段の御祝儀以上に奮発しなければならないのである。

太夫に1回会うのに約100万円。ここまでに最低300万円の投資が必要だったわけである。これが中級クラスなら揚代は2分（約4万円）で、馴染みになるまでの予算は、総額50万円ほどですむ。

太夫がいれば見世は安泰のように思えるが、参勤交代などにより大名が経済力を失い、大名・旗本の吉原通いが禁止されると上客は減っていった。中級の遊女を揃えたほうが経営的には安定したため、吉原中期以降は太夫を名乗る遊女はいなくなった。

吉原のしきたりを破ると、顔に墨を塗られたりして笑い者にされた。『青楼絵抄年中行事』より「倡家之方式」。国立国会図書館所蔵

庶民が通ったのは1万円以下の店！

ただ、この金額でもまだまだ庶民の男は手が出ない。そこで、彼らが行ったのが、吉原の堀に面した「切見世」だった。ここでは初会から同衾でき、さらに値段も格安だった。料金は線香が燃え尽きるまでの間で100文（約2000円）。ただ遊女たちは線香を折ったり、酒を勧めたりして線香の本数を稼ぐので、実際には400文（約8000円）程度はかかったようだ。これらは吉原の最低ランクだが、それでも吉原遊びの雰囲気を味わえるということで、江戸の町人には人気があった。

一応、非合法になるが、吉原以外であればもっと安く性欲処理をすることも可能である。私娼屋が集まる岡場所は、品川なら700文（約1万4000円）、新宿や板橋なら200文（約4000円）が相場だ。

さらにもっと安くなると、夜鷹という流しの娼婦がいた。彼女たちは店には所属せずに街角で客を引き、暗がりでゴザを敷いて春をひさぐ。年齢がいっていたり容姿が悪かったりと、それなりの理由があり、料金はわずか24文（約500円）。吉原にいた遊女が性病にかかって夜鷹に転落することもあったが、生活苦から武士の妻女が夜鷹になる場合もあった。夜鷹が品の良い武家の妻とわかると、町人たちは喜んで声をかけたといわれている。

容姿や芸の善し悪しより、客の最大の関心事は性技！

客の満足だけを追求！遊女が磨いた床技とは？

客が遊女に求めるものは、結局のところ性欲発散である。ゆえに女たちは研究を重ねて男を満足させる方法を極めた。そんな遊女の床技とはいかにすごいか!?　知られざるその極意に迫る！

性技の原型がここに

文学や舞踊、茶道など高い教養を身につけている吉原の高級遊女は、床技においても傑出していた。彼女たちにとって重要なのは、自分は気を遣らずに体力を温存し、客を射精に導いて性欲を満足させることにある。そのため、テクニックに磨きをかけ、体のありとあらゆる部位を使って奉仕した。

たとえば、口で陰茎を吸い愛撫する、いわゆるフェラチオについて『おさめかまいじょう』には、次のように記されている。

「客を寝かせ、睾丸を揉みほぐしながら口に咥え、抜き差ししても抜けないように唇で亀頭部分を締める。そのときに客に腰を動かしてもらうといい。男根を口に入れたら、9回深く咥え、1回は浅く咥える。浅いときに亀頭と亀頭の付け根を舌で舐めるようにする。ときどきのどの奥まで入ってしまうので、片手で男根を握りながらすること」

吸茎（フェラチオ）は男の股（また）の間に座るか、腰の辺りに座って行うが、場合によっては男の顔の前に股を広げて逆向きに覆いかぶさることもある。こうすると男は女性器を触ったり舐めたりできる。現在のシックスナインの体位である。

また、胸が大きな遊女の場合、胸に男根を挟んでしごく、いわゆるパイズリも知られていた。

「両方の乳房の間に男根を挟む。なかなか射精しないときは乳房を持ち上げ、指を亀頭の付け根にあてて胸と一緒に擦り上げる。それでも射精しなければ、乳首を内側にして自分の乳房を揉み、乳

『錦絵 新吉原京町一丁目角海老屋内』より、右「艶たまのみつき」、中「大井みやこさくら」、左「大廓はるのすみれ」。香蝶楼（歌川）国貞画。国立国会図書館所蔵

汁を潤滑剤にして擦り上げる」

江戸時代にも大きな胸に執着を覚える客がいたのであろう。

曲芸的な体位で興奮度アップ

体位においても実にさまざまなバリエーションが研究されていた。基本的な体位といえば、「前向位」「背向位」「男上位」「女上位」の4型。俗に体位の数を四十八手というが、江戸時代のセックス指南書にはそれ以上の数が紹介されている。

なかには一見、実行が不可能そうな体位もあったが、遊女となれば、全身を駆使して客の要求に応えた。これは体が柔らかいからといってできることではない。床技を磨けば人気が出て、客がつく。そのための捨て身の演出だったのである。

たとえば、「うしろ櫓（やぐら）」という体位は、男が足を投げ出して座ったところに、女がつま先のほうを向いて上から挿入するもので、「女は少し前に手をついて、うつむいて男根を擦る。男は女の尻を抱いて、抜き差しをする」と詳細に語られている。

これは男根の勃起角度と膣の向きが反するので、擦り上げるときの刺激が強くなる体位である。男は軽く腰を動かすだけでよく、遊女の動き方しだいで快感は倍増されていく。さらに肛門と結合部分がよく見えるので客の欲情をかきたてる。

また、遊女ふたりに客ひとりという複数プレイも行われた。例えば女ふたりが直立

し、まず一方が前屈し、もう一方の女の股ぐらに頭を入れる。その際、よろけないように腹部を支えてもらう。客はかがんだ女の背後で尻を合わせるように立ち、男根を曲げるように片手を添えて挿入する。

この体位は抜き差しするときに抜けやすいので、腹を支えている女が男根に手を添えて抜けないようにし、もう一方の手で女の陰核や根際に触れて刺激する。

ここまでくると苦しいばかりで、女に快感はないだろう。しかも、日に何人もの客を取らなければならないのに、相当な体力を消耗してしまう。それでも遊女は客が求めればどんな体位でも難なくこなした。そこには、客をとことん楽しませることを義務付けられた、遊女という職業へのプライドが隠されているのである。

性の指南書にはアナルセックスの作法も記されていた！

江戸時代の衆道指南書と遊女との肛交

古くから僧侶や武将の間で一般的に行われてきた男色。日本人にとってはあたり前の文化であり、江戸のセックス指南書にも注意点などが解説されている。では、実際にその内容はどんなものか。具体的にみてみよう。

江戸の肛門事情

日本には衆道の文化があり、男性同士の関係はむしろ尊いこととされていた。その始まりは空海とする説もあり、当初は女犯を禁じられた僧侶の世界が中心だったが、貴族や武士の間でも行われていたことはよく知られている。ただ、男色が公になるのは江戸時代になってからである。

川柳には肛交をねだる男の様子がうたわれており、登楼して遊女たちに要求することも少なくなかったようだ。色を売る美少年がいる陰間茶屋がそれなりに繁盛していた時代、そこへ行かずにわざわざ女性に頼むのは、男色とは違った欲望なのだろう。

肛交は女性器よりも締まりがよく、強い刺激が得られるからだ。

もっとも、江戸時代の女性にとって肛交はとんでもないことであったらしく、一般の女性はすげなく断っている。

もちろん吉原の上級遊女に言っても叩き出されるところであるが、地方の遊女であればそれも受け入れ、肛交も行わなければならなかった。

江戸時代、伊予道後（愛媛県）で遊女屋を営み大成功を収めた主人が残した『おさめかまいじょう』（宝暦二年・１７５２）には「けつ取り」（肛交）の方法が記されている。

江戸時代になると男を買うことは一般でもそれほど珍しいことではなかった。ロンドン・ヴィクトリア＆アルバート美術館所蔵

『おさめかまいじょう』とは男性を喜ばすための秘技指南書の意味。地方の女郎屋は、幕府公認の吉原と違ってお大尽（上客のこと）を相手にするわけではない。そこには、一般の遊女が成功するための心構えや技法が詳細に説明されている。

（肛門に）根元まで入れると怪我をするので、女性は仰向けになるか、うつ伏せにならなければならない。立ったままだったり、立て膝をついて前に屈んだりしていると、必ず男根が根元まで入ってしまう。そうなると排便の神経を傷つけ、腹痛が起こり、気分が悪くなって、体が弱ってしまう。そこで、男根を受け入れたら、足に力を入れ、肛門をきつく締めるといい。片手を男根に添えて、女性器で交合するときのように腰を回さないで、一方向だけに抜き差しを続けさせるのである。そのときに亀頭の根元に指をあてるようにする。

肛交をするときは唾や潤滑剤をたっぷり使って、括約筋を痛めないようにする。そうす

れば、肛門は膣より締まりがいいので、指で亀頭を刺激すればすぐに射精を促すことができるのである。

稀には肛交で感じる女性もいた

このように遊女であれば客を喜ばせる技術として肛交を行う者もいる。しかし、中上級クラスの遊女や一般の女性は、まず行わなかったようだ。妻に肛交を迫っても「それは芳町（よしちょう）に行ってしな」とあ

『大芝居繁栄之図』三世歌川豊国画。東京都立中央図書館東京誌料文庫所蔵

っさり拒否される。芳町とは日本橋付近の芝居小屋がたくさんあった辺りで、そこは陰間茶屋が並び、男色で有名な場所である。

江戸時代、芝居は女性の最高の楽しみとしていた。当時の役者といえば男相手に売色していたが、女たちもまた役者買いに走ったのだから、夫婦揃って芝居小屋通いという話にもなり得たわけである。

ちなみに、陰間茶屋で売色する女装した若衆を「陰子」、役者を「色子」といって厳密には区別される。後者のほうが年齢が上で、男色の主流は陰子であった。

役者や若衆のファンは遊女にも多く、客が若衆の肛門に挿入し、若衆が遊女と交合する「三人取組」を楽しむ風潮もあった。とはいえ、それでも基本的には、遊女が肛交するケースは少ない。

ただ、女性の中でも肛交に痛みを感じない者もいた。事実、肛門周辺は性感帯なので、前もって緩め、潤滑剤を十分に使えば肛交でも快感は得られるのである。

これは明治時代に入ってからだが、『女閨訓』（明治三十九年・１９０６）には「生理で交合できないときの心得」として次のように述べてある。この本の著者は欣々女史といい、幕末生まれの名妓であった。これは女性自身が残した肛交に関する貴重な記録である。

男根を肛門に入れるときは、慣れないうちは非常に痛いものであるので、最初に人差し指に唾をつけて挿入し、よく濡らし緩めておくことが大事である。（中略）痛いと思い、肛門を締めると入りにくくなり、かえって痛くなる。排便時のように思い切っていきみ続ければ少しずつ男根を受け入れることができる。

女性器と違って、肛門は狭く男根を強く締めるので、亀頭が入っただけでも射精するものである。そのため、痛くてもわずかのことであるので、夫婦円満のために諦めて我慢すべきである。

もっとも肛交も慣れるに従って痛くなくなり、女性も気持ちよくなり、自分から求めるようになる者もいる。

また、江戸末期の『大笑い　開の悦び　おどけ新はなし』には、女性器と肛門を交互に抜き差しする夫に対して、「どちらか片方にしなさい」という女房の話がある。亭主が「痛いのか？」と聞くと、女房は「痛くはないが、交互にすると女性器が汚れる」と答えている。これもずいぶんのんびりとした話である。

弘法大師・空海が広めた日本独自の男色文化

歌人・藤原定家から武田信玄、織田信長などの戦国武将まで、日本文化に根づいた男色。弘法大師空海が広め、その作法まで確立された日本の男色文化は、江戸時代に成熟期を迎えた。ここでは、あらためてその歴史を見ていこう。

藤原定家も男色を楽しんだ？

見渡せば　花も紅葉も　なかりけり　浦のとまや（苫屋）の　秋のゆふぐれ

和歌の巨人・藤原定家のもっとも著名な作品の一つだ。古来、「三夕（さんせき）の歌」と並び称されてきたが、「さびしさ」「あわれ」と感情を表す言葉を詠み込んだ西行、寂連の歌に対し、一見、叙事に徹した定家の歌のほうが何倍も優れている。

ただ、実際の光景というより、老境に入った定家の心象風景を詠んだ作品であることも確か。いろいろな解釈が可能だが、「花」は若い女性、「紅葉」は若い男性と考えられないだろうか。

数々の浮名を流してきた定家も老いを感じる年齢になった。ふと見回してみると、周囲には恋愛の対象となる「花」も「紅葉」もいなくなっている。いつの間にか若い頃のような華やかな恋愛とは縁遠くなってしまった。

かといって身も心も枯れ果ててしまったわけではない（あくまで秋の夕暮れであって、冬ではない）。多情多感な定家が、老いたからといって恋愛への欲求を捨てられるはずがない。「とりあえず、浦の苫屋（トマでつくった、そまつな小屋の意）でガマンしておくか」といった心境だろうか。『百人一首』に収録されている、定家のもう一つの有名な短歌と比べてほしい。

来ぬ人を　まつほの浦の　夕なぎに　焼くや藻塩の　身もこがれつつ

秋の夕暮れの歌は、この歌をうけているように思えてならない。若き日に「まつほの浦」で恋の懊悩（おうのう）に苦しんでいたことを思い出し、晩年の落ち着いた幸せをかみしめているのではないだろうか。若き日の懊悩の相手が男であっても別段、不思議ではない。

藤家の男色家としては左大臣・藤原頼長（よりなが）が有名だ。頼長が亡くなったころに定家は生まれた。

頼長は手当たりしだいとしか思えない行状を日記に残している。相手も貴族だけでなかった。木曽義仲の父・源義賢など武家の頭領とも関係している。当時の公家にとって、男色は常識だったわけだ。

愛のために死を選んだ天野の祝

日本の男色の歴史も古い。『日本書紀（神功紀）』にも次のようなエピソードが書かれている。

紀伊の国に小竹の祝（はふり）と天野の祝という、仲のいい神職がいた。小竹の祝が病気にかかって死んでしまったとき、天野の祝は血の涙をこぼしながら、

「君が生きているとき、ぼくたちは親密な友人だった。君が死んだからといって、（屍が葬られる）穴をいっしょにしないことなんか、あるはずがない」

と小竹の祝の死体のそばで自死してしまう。

「美友」「交友」という言葉が使われていることを見ても、単なる友人関係でないことは、はっきりしている。天野の祝の気持ちを汲んで２人は一緒に埋葬されたが、以来、小竹宮一帯は夜のように暗くなった。

神功皇后が小竹宮に巡行した際、神官に理由を占わせた。「阿豆那比（あずない）の罪である」との神託が出たので、２人の墓を掘り出し、別々に埋葬したところ、日の光が輝きだし、昼と夜の区別ができたと書かれている。

２人は最近、イタリア北部で発見された５～６０００年前の男女の遺体のように、

抱き合ったまま埋葬されたのかもしれない。「あずないの罪」が同性愛を指すのか、一緒に埋葬したことを指すのか不明だが、わざわざ墓を掘り返し、愛し合った２人を引き離してしまうとは人情に欠ける行為といわざるを得ない。

紀の編纂者（ひいては大和朝廷）は同性愛に対して否定的な立場をとったと見るべきだろう。もっとも、男色に似合うのは、せいぜい月の淡い光で、昼の強烈な光がそぐわないことを意味しているのかもしれない。

弘法大師空海が日本に男色を広めた

日本は男色に対して比較的、寛容な国といわれるが、いつでも、どこでも、そうだったわけではない。男色がオープンなものになったのは江戸時代に入ってからのことだ。

ただ、それまでにも僧侶、公家、武士の間では盛んに行われていた。一般社会から隔離され、周囲に女性がいない僧侶が男色に向かったのは、ある意味では当然のこと。女犯（にょぼん）を禁じる宗派は多かったが、男色は大目に見られていた。

女性とのセックス以上の快感があったのか、そのうち、男色は「僧侶の特権」とみなされるようになった。江戸時代には幕府によって僧侶の女色が禁止されたことから、男色がいっそう盛んになったといわれる。

そもそも、日本に男色を広めたのは弘法大師空海といわれている。空海が唐に留学した際、五台山に登り、文殊師利菩薩から男色を教えられたという。もちろん、言葉で教えられたのではなく、実践で手ほどきを受けたことになっている。

そのせいか、仏家では文殊師利菩薩は衆道のシンボルとなった。もっとも、これは師利を尻とかけただけの言葉遊びに近く、「ひがごと（デマ）」と切り捨てる見方もある。

ただ、井原西鶴の『男色大鑑』巻一にも「この道（衆道）のあさからぬ所を、あまねく弘法大師のひろめたまはぬは、末世の衆道を見通したまへり」とあるように、江戸時代には、弘法大師が男色を広めたことは「常識」となっていた。

空海が男色を詠んだ歌も今に伝わっている。

恋といふ　その源をたずぬれば　ばりとぞ　穴の二つなるべし

愛染明王は愛欲の煩悩を仏の悟りに変える力を持ち、弘法大師によって日本に伝えられたとされる。（了仙寺所蔵）

『稚児秘伝』序文には薩摩の住人・満尾貞友が一乗院の大師堂に7日間、参詣し、1日に3度、水をかぶって、「それ弘法大師、日本醜道（衆道）の極意を教えたまえ」と祈ったところ、7日目の夜、弘法大師が若僧の姿になってあらわれた、とある。「汝、人として生まれて、この道の極意を知らないのはふびんきわまりない。山野にいる猿であっても恋心を知っている。汝に一巻の書を授けよう」

こうして授与されたのが『稚児秘伝』だったというわけだ。空海が日本の衆道の開祖として扱われている。

「稚児灌頂」の前には涙ぐましい努力が

仏家では男色の相手は稚児と呼ばれた。衆道、喝食、醜道、寺小姓、かわつるみ、那智などの名前もあった。衆道は、まず仏家から始まったわけだ。空海は真言宗の開祖だが、天台宗・比叡山でも男色は古くから行われていた。

「叡山（比叡山）では、稚児との情交の道―これを衆道といった―を悟りへの近道と口伝し、平安の昔から連綿と伝承してきた。寺院の奥深くで密かに口伝されてきた性愛世界のうちでも、最も歴史が古く（インド以来の伝統がある）、豊かな内容をもつものは、まさしくこの衆道であった」（『性愛術の本』「魔術的エロスの世界」藤巻一保、学研）

もちろん、一人の稚児が複数の僧侶と関係するわけではない。師と定めた阿闍梨と だけ結ばれるのだ。この辺は武士の「念者」と「若衆」の関係に似ている。

稚児は学問万般はもちろん、茶道、華道、香道など芸事にも通じていなければならなかった。しかも、「稚児灌頂」という一種の通過儀礼を経ないと、正式な稚児にはなれない。カンタンにいえば、「初夜の儀」だ。

稚児灌頂の前には、やかましい手続きも待っている。ただ、いきなり男根を菊座に挿入されたら、張り裂けてしまうから、一定の準備期間が必要だったのかもしれない。稚児たちは菊座の括約筋をゆるめるために、男性器ほどの太さの木の棒に潤滑油を塗り、眠るときに菊座に挿入しておくなど涙ぐましい努力をしたものだった。

当日の最終兵器は丁子油、海草のフノリ、トロロ葵の根の粉末などで、いずれも口の中で溶かして、菊座と師の男性器

古来より男根は、その生殖能力から五穀豊穣をもらたすとして、ご神体のモチーフとされた。写真はペニスの顔をもつ「稲荷神」。(了仙寺所蔵)

に丹念に塗りこんだ。ローション代わりの潤滑油としたわけだ。

こうして師である阿闍梨と稚児の正式な関係が始まる。稚児が成人すると関係を続けるのは難しくなるから、せいぜい数年間の淡い恋物語に過ぎなかった。

なお、衆道という言葉はのちに女性との性交渉にも使われるようになり、単なる「肛門性交」を意味する言葉に変質していった。女性であっても、なれないと肛門性交は苦痛きわまりない。

「人指し指に唾液をつけて菊座にいれ、十分に濡らしておくこと」といった実践マニュアルもつくられた。

浮気知られた信玄が言い訳のラブレター

寺院と並んで男色が盛んだったのは武家の社会だ。

「中世も後期になると、この風潮（男色）は、新興武士階級にも広がっていった。戦国時代には尚武の気風からことさら男色を賛美する思想が蔓延し、武田信玄と高坂弾正（こうさかだんじょう）、織田信長と森蘭丸のペアは、誰知らぬ者もないほど有名だった」（『「悪所」の民俗学』沖浦和光、文春新書）

男色は信玄、信長に限ったことではない。戦国大名は臣下の武将と床をともにすることで、きずなを強くしたものだ。一部に男色専門だった大名もいるが、大半は両刀

使い、バイセクシュアルだった。

森蘭丸は信長の愛妾のイメージが強く、きゃしゃな感じを受けるが、実際は体格もよく、武芸も人並み以上の腕前だったと伝えられている。

信長配下の武将・森可成の三男で、本名は成利（長定とも）。幼少の頃から信長の小姓を務め、抜群にカンがよかったことから、信長への報告役を一手に引き受けた。単に夜の相手役を務めただけではないのだ。

頭の回転の鈍い人間を嫌った信長に気に入られたのだから、能力は推して知るべし。本能寺の変でも最後まで信長の側を離れず、父親譲りの勇猛ぶりを発揮して奮闘した。

高坂（弾正）昌信は武田家の重臣。北

信濃の高坂（香坂とも）家を継ぎ、高坂昌信と名乗った。若い頃は、たいへんな美形で、信玄も相当に執心したらしい。信玄から昌信へあてたラブレターが現存している。どうやら、他の武将と浮気したことを昌信に知られた信玄が「愛しているのはキミだけだ」と昌信を説得する内容。男色といえども、八方美人は許されなかったわけだ。このとき、昌信は19歳だった。

やがて成長し、200騎もの部隊を率いる智略縦横の武将として活躍。のちには武田の四名臣とうたわれるほどの名将になった。戦国大名たちの男色は決して色だけが目的ではなかったわけだ。自ら子飼いの勇将を育てる目的もあったことがわかる。

ちなみに戦国時代の美童四天王といえば、羽柴秀次の小姓・不破万作、木村秀俊の小姓・浅香庄次郎、蒲生氏郷の小姓・名越山三郎、織田信長の小姓・万見重元（仙千代）だった。

江戸時代には「陰間茶屋」が繁盛

江戸時代は性文化が花開き、爛熟していった時代。男色専門の遊廓といってよい「陰間茶屋」も誕生し、なかなかの繁盛ぶりを見せた。

「茶屋の若衆は16歳から18歳位の美童たちで婦女の如く装い、髪は主に島田に結い鬢を張り、白粉をぬり口紅をさし染色の振袖に裾模様の衣裳を着け、幅広の帯をしめ紅色の蹴出をまとい、虚無僧下駄をはき、頭に紫色の帽子をいただき、容姿動作は柔和、嫋娜の風情は遊女に勝るものであった」（『日本における男色の研究』平塚良宣、人間の科学社）

ほとんど女性のいでたちといってよい。現在でいえば、ニューハーフやシーメールに近いか。陰間茶屋に勤めている若衆は色子、男娼、阿釜（おかま）、男傾城（おとこけいせい）、風子（とびこ）などと呼ばれた。

江戸の陰間茶屋に勤める売れっ子の若衆・色子（陰子）は大半が上方から連れてこられた者たちだった。

というのは、江戸で育った陰子は、動作に色気がなく、言葉遣いも荒っぽい。陰子に不可欠な、艶っぽさが欠けていたのだ。その点、上方からやってくる陰子は、物腰が柔らかで、言葉遣いも丸みがあり、目元も涼しい。どうしても客の人気は上方出身者に集まった。

もともと陰間茶屋は大坂から始まった。大坂には丹波屋など男色専門の口入屋が拠点を置き、陰子を仕入れにきた江戸の商人たちのニーズに応えた。江戸時代の男色文化をリードしたのは上方だったわけだ。

衆道の世界②男色ブームを呼んだ江戸時代

衆道ビジネスの誕生

上方の公家や僧侶の間で愛好された男色が、江戸時代になると江戸庶民の間に広まる。が、男色専門の遊郭「陰間茶屋」の代金は、かなりの高額となり、一般庶民が通える場所ではなかった。とはいえ男色は「粋な行為」として定着、一大市場を形成した。

ビジネスとしての衆道が成立

「江戸時代の男色を特徴づける最大のテーマは、売色（売春）としての男色の誕生と、上方から江戸への伝播であろう」（『江戸の男色』白鳥敬彦、洋泉社）

衆道（しゅどう）は、もともと公家の世界や寺院で愛好されていたから、長らく上方が中心だった。売色の誕生と江戸への伝播は表裏一体だ。売色という商品がなければ江戸への展開はありえなかったし、江戸という新市場がなければ売色としての男色は誕生しなかった。

ビジネスとしての男色の成立。マーケティング的には新商品を巨大な新市場に投入したようなものだ。長い間、公家や僧侶、武士たちの狭い世界で愛好されていたことがビジネスになったことで、爆発的に拡大していった。江戸の町人のニーズに的確に応えたからこそ、男色は広がっていったと考えられる。

『江戸の男色』をもとにして、マーケティングの観点から男色を考えてみよう。衆道を江戸へ展開するにあたって、何点かの大事なポイントがあった。

第一は肛門という商品そのものが備えている魅力だ。上ランクの肛門について、吉田半兵衛の『好色訓蒙図彙』（1686）には次のように書かれている。

衆道の上品といふは、第一、後門に肉多く、福らかにして肌細やか也。谷深くして、菊座柔らかに、四十二の襞緩やかにして、口しまらざれば、濡に従い靭やかに、滑らかになり給ふ也。

女色しか知らない江戸の町人にとって、はじめての男色の味は、なかなかの美味だった。あっという間にファンをつかんだ。

松尾芭蕉も衆道にはまった

第二に、少年という商品も江戸の町人には新鮮に映った。西川祐信の『諸遊芥子鹿子』（1710）には衆道の床入りの様子が描かれている。

帯をときて大尽に身を寄せ、露転（男性器）をいらひ、口を吸わせてのち、うしろ向きになりて、印籠より安入散（男色用秘薬）を取出し、つばきにて溶き、玉ぐきに塗りてお井戸（尻）へあてがい、大尽やりかける時、町若衆のごとく身をちぢめず、腰をつかふ時、髪のわげめ（髷目）ひやひやと、大尽の鼻のさきへあたり、よき気味なる時、うつくしい顔をねぢむけて、口を吸わせ、かはゆいかといふ時ハ、少し目垂（したり顔）見たやうにて、小面が憎し。

　行為の最中に、髪の毛が客の鼻先をくすぐる。客には少年の匂いも印象に残ったわけだ。俳聖と呼ばれた松尾芭蕉も若い頃は衆道遊びに狂い、次のような句を残している（『貝おほい』）。

　我も昔　衆道好きの　ひが耳にや　前髪も　まだ若草の　匂いかな

「ひがみ」とはマニアの意。それだけ衆道に熱心だったということだ。「前髪も」の句からは匂いたつような少年の肢体が見えてくる。匂いに着目するところなど、さすが芭蕉といっていい。衆道にはフェティッシュな感覚がつきまとっていた。

衆道は「粋な行為」だった

第三に、衆道を「粋な行為」として定着させたことだ。当時、男色は決して恥ずかしい行為ではなかった。むしろ「粋人（すいじん）としてのたしなみ」と受けとめられていた。たとえば、江戸時代初期の『きのふはけふの物語』（１６２４）には衆道を知らない者を笑った個所がある。

有人、女ばかりすき、一圓に若衆のかたを知らず。傍輩ども申やう、「貴所は田夫（でんぶ）野人（やじん）ぢや。さだめていままで、若衆のおこないやうをも知るまい」とて笑ひけ（り）

女性が好きで、男色を試みたこともない者を、仲間が「おまえば田夫野人だ。若衆がどんなことをするかも知らないだろう」と、からかっている。田夫野人とは「いなかもの」のこと。若衆とのセックスは都市の粋人にとって「男のたしなみ」だったことがわかる。

同時代のヨーロッパと比べて欲しい。同性愛が背徳的な行為とされたキリスト教社会に対して、江戸の衆道のなんと明るいことか。『きのふはけふの物語』が出版されたのは1624年。関ヶ原の戦いから24年しか経っていない。早くも衆道は文化として華開きつつあった。

販売と調達ルートが確立していた

第四に、商品である陰子（上方では若衆）の販売ルートと調達ルートを確立させたことだ。

販売ルートは陰間茶屋。若衆歌舞伎の舞台子（舞台に出演するが、売色も行っている）、陰子（舞台に出演せず、売色のみ行っている）を置き、希望する客に提供した。いつ頃から江戸に陰間茶屋がつくられるようになったかは、はっきりとしない。元禄の頃には存在したことは確かで、18世紀後半（宝暦から天明にかけて）に最盛期を迎えた。

江戸の男色の中心地である芳町には最盛期、100人余りの陰子がいたと伝えられる。このほか、江戸では湯島、芝明神町、麹町、平町天神境内、内神田花房町、八丁堀、市ヶ谷八幡境内、木挽町などに茶屋が置かれ、大坂では道頓堀、坂町、京都では宮川町に若衆町があったという。

もとは歌舞伎役者だから、陰子も最初は若衆姿だったが、しだいに女装するようになり、そのうち完全な振袖姿となった。年少の陰子などは少女にしか見えなかった。

陰子が売色できるのは、せいぜい20歳前後まで。商品を絶え間なく提供するためには調達ルートを確立する必要があった。陰間茶屋の関係者が向かったのは上方だ。

歌舞伎役者を育成するシステムは上方にしかなかったから、調達しようと思えば上方に頼らざるを得ない。専門の口利屋を通して陰子を補充した。

天保時代（1830〜1844）の貨幣価値で上玉の陰子一人を仕入れるのに100両以上かかったというから、陰間茶屋の代金は相当に高額だったことがわかる。

ランクが高い陰間茶屋、たとえば藤村屋、加賀屋、津の国屋、横藤屋、三谷屋、津賀屋、千代本などは、とうてい庶民が通えるようなところではなかった。

陰子の売色の仕組みがいろいろな面で、しっかりと設計されていることがわかる。たとえ江戸時代であっても、抜群の知恵者がいないと、こんなにうまく展開はできなかったろう。時代が新しい商品を求めていたことは間違いないが、同時にマーケティングの成功例といっていいのではないか。

衆道文化は死んでしまったか

陰子を廃業した者は大半が男色から離れていった。あくまでビジネスとして割り切って陰子を務めていたわけだ。

そういう意味では衆道は狭義のホモセクシュアルともゲイとも異なり、「少年愛」

としか呼べないものだった。分類すれば客も陰子もバイセクシュアルになるのだろうが、ピンとこない。もっとも、真正の同性愛者が衆道の中に隠れていた可能性はある。江戸時代だからといって、ホモセクシュアル、ゲイがいなかったとは考えにくい。

ちなみに、広義では男女を問わず同性愛の性質を持っている人を「ホモセクシュアル」、異性を愛する人を「ヘテロセクシュアル」、男女のどちらでも愛せる人を「バイセクシュアル」、男女どちらにも性愛の気持ちを持たない人を「アセクシュアル」と呼んでいる（実際に性交渉が行われるかどうかは別として）。いずれにせよ、衆道は、このワクには、きちんとおさまらない。

衆道は大きなブームとなったが、ブームになったものの宿命として、やがてブームが去り、沈静化する日がやってきた。かつての男性客は吉原などの遊廓へ移ってしまい、陰間茶屋は一転、女性客に対して陰子や若衆を提供するようになった。陰子の大半は同性愛者ではなかったから、女性の相手をさせられても、なんの問題もなかった。

衆道文化の核としての陰間茶屋は消えてしまったわけだ。ただし、衆道が残したもの、特にセックスに対する貢献は大きかった。たとえば、「三人取組」（いまでいう3P）は陰子が入ることで、ポピュラーになったと思われる。

あるいはソドミー（肛姦＝アナルセックス）。江戸時代以前にも存在したが、一般化したのは衆道がブームになってからだろう。

渡辺信一郎氏の『江戸の性愛術』（新潮社）には女性が肛交を受ける際の注意事項を述べた欣々女史の『女閨訓』（1906）が引用されている。生理などで通常のセックスができないとき、夫の要求に応じるケースを想定したものだ。

衆道。俗におかま、若しくは鶏姦とも云ふなり。我が肛門に男根を受け入れる法なり。此の時は、我が身を馬懸りの時の如くにするか、或は又我が身を平に俯伏し、股を広げて之を受くるなり。何れにしても、男根、肛門に入る時は、慣れぬうちは随分痛きものなれば、先づ初めに人差指に十分唾をつけて肛門へ差入れ、之を濡らして弛(ゆる)め置く事肝要なり。（中略）男根を受く

江戸時代に極まった男女の性愛文化

江戸時代は男色だけでなく、男と女の色事も世界に類をみないほど極められた。遊郭が発展する一方で、セックスの奥義や指南書が記され、男女の絡みを描いた春画も数多く残されている。

『好色一代男』（江戸版）井原西鶴著・菱川師宣画。江戸時代に大ブームとなった官能小説。7歳で性に目覚めた主人公は、19歳で勘当され、以後日本各地で好色の修業に励み、最終的には女だけの島を夢見て、船にありったけの宝と"責め道具"を積み込み出航した。当時の男性の理想の生き方が、この作品からよく伝わってくる。

国立国会図書館所蔵

る初心にては、なかなか入り難きものなり。及ち其の時は、夫をして肛門の口に十分唾を流さしめ、先づ男根の雁首を当がはせ、我が身は口を大きく開きて深く息を吐き、尻は恰も大便をいきむが如くにし、夫はその度毎に力を籠めて、少しずつ突き入れ乍ら、両手にて両の臀を左右に引き分ける様にするなり。

微に入り細にわたってアドバイスしている。ソドミーそれ自体といい、その際のテクニックといい、衆道文化の残り香を感じてならない。

いずれにせよ、江戸の男色はビジネスとしての側面が強いが、大っぴらに行われていた。もちろん、金品のやりとりを伴わない関係も多かったに違いない。坊主と陰子がいっしょに物見遊山に出かけるぐらいだから、男色に対する偏見はなかったといえる。

対して、現在はホモ、オカマ、ゲイという言葉が差別的なニュアンスを含んでいることからもわかるように、男色は日陰の存在となってしまった。

文化としての男色が存在した江戸時代から、わずか一世紀半しか隔たっていないが、日本は、ずいぶんと遠いところへ来てしまったような気がする。

教会の命令が発端となった中世の大虐殺！

迫害される異端！魔女狩りの嵐

魔女を焼く黒煙

14〜17世紀のヨーロッパでは、教会による魔女狩りが熾烈を極めていた。正確な数は不明だが、この300年間に拷問によって殺された犠牲者は、数十万とも数百万ともいわれる。

魔女狩りの背景には当時の社会不安があった。全人口の3割の命を奪った黒死病（ペスト）の流行、極端なインフレなど、民衆は極度な不安にさらされていたのである。彼らは疫病や農作物の不作が起こるたび、それらを引き起こしているのは魔女のしわざと考え、残酷な「魔女狩り」によって行き場のない不安のはけ口とした。

一方で、カトリック教会の動きも見逃せない。ヨーロッパに広がった宗教改革運動に対抗すべく、ローマ法王は修道会による異端審問を強化させた。これが「魔女狩り」の前身である。法王の命令を受け、司教や官憲以上の権限を持った異端審問官は、魔女の撲滅を至上の使命とし実行した。

特に迷信深いヨハネス法皇は魔女狩りの解禁を明言すると、毎年のように魔女狩りの強化令を発布した。そのため、14世紀には異端審問官による魔女狩りが横行し、15世紀になるとその狂気は頂点に達したのである。

密告されたら最後

「魔女は生かしておいてはならぬ」という聖書の一節を忠実に守り、異端審問は徹底的に行われた。

14歳以上の男性、12歳以上の女性には密告の義務があり、それを怠ると自分が監獄に送られる。そのため人々は疫病が流行ったり、天候不順で農作物が不作だったりするたびに、日頃好ましく思っていない人物を魔女だとはやしたて、人を陥れるとともに自身を守った。子供が親を、親が子を密告することはあたり前で、誰を信じていいかはもうわからなかった。

一度「魔女」の噂が立ってしまえば、それを撤回するのは不可能である。怪しげな噂だけですぐに逮捕され、魔女裁判にかけられたからである。

魔女とされた人々のほとんどが純朴な農民であった。これは何かの間違いであると信じて裁判にのぞみ、また果敢にも自分の潔白を当局に訴えた者もいた。

だが、教会にとってみれば魔女と確定すればその財産を全額没収することができる。現に財産没収が認められている地域では魔女が極端に多く発見され、認められていない地域での魔女は少なかったという。つまり魔女裁判は財産没収が目的であり、審問・自白のための拷問・魔女の宣告・処刑は流れ作業であった。

また、教会はひとりでも多くの魔女を探すため、共犯者を白状するまで拷問を続けた。なお、この場合の魔女は「女性」だけではない。資産家たちも周囲の妬みから「魔女」と密告された。魔女とされた者は自分を陥れた人々を道連れにしようと自供したため、共犯者は際限なく増えていった。ひとりの魔女から100人もの共犯者の名が上がったこともあるという。

魔女裁判は処刑を前提としていたため、行われる拷問は考えられる限り残虐なものであった。

まず、魔女の嫌疑をかけられた者は、「針刺し法」によって魔女かどうかを調べられた。魔女は使い魔である動物に血を分け与えるので、その体には傷があるとされる。

そこで、被疑者を裸にして拷問台に拘束し、全身の体毛を剃（そ）り落として「魔女のしるし」を探し出したのである。魔女のしるしとはホクロやあざ、染みのことであったから、誰もが該当した。さらにその部分は魔法によって感覚がなくなっているとされ、全身を針で刺して見つけ薬草などの知識があり治療を行ったために、魔女とされ火刑になった者もいた。

ようとした。まぶたや舌の裏、性器までも針でえぐられるのである。これだけで大抵の者は魔女であることを「自白」した。

魔女として確定すれば、今度は共犯者を密告するまで拷問が続けられる。

「爪剥ぎ」や「目つぶし」は軽いほうであった。「吊り落とし」といって、後ろ手に縛って高い場所にある処刑台に吊るし、一気に縄を緩める方法がある。これは床に突き落とすのではない。縄の長さは床すれすれのところで止まるようになっており、落下の衝撃で全身を破壊するのである。

全体重がかかるため1回目で四肢の関節が外れ、3回目ともなると絶命する者も出た。

他には、両膝を万力で締めつけて肉を砕き、骨を粉砕する「万力責め」や皮のブーツを履かせてその中に煮えたぎった湯や油を注ぐという「ブーツ責め」などがある。

また、火をつけた羽で腋や性器をあぶったり、ねじの付いた長靴を締めつけてすねの骨を折ったりすることも行われた。気絶さえ許されない激痛のなか、魔女とされた人は拷問吏に言われるまま、共犯者を密告した。

全身の骨を砕かれるまでの拷問に耐え抜いたとしても、最後は火刑に処されることは決まっていた。最後の慈悲として絞首されてから火にかけられるのは特例で、大抵は生きながら焼き殺された。その場合も薪から昇る煙によって先に気を失ったり窒息死できればいいほうで、一度水をかけて火力を弱めた上でじわじわと焼かれることさえあったという。

大物政治家を手玉に取った高級娼館主人

現代の夜の社交界 パリ高級娼館の裏側

顧客は王族！

マダム・クロード……その名は、1960年代初めから1970年代半ばにかけて、社交界の男性の間でひそやかに囁かれていた。彼女が経営する売春宿の顧客といえば、アラブの王族、ヨーロッパの貴族、そして大物政治家ばかりであり、紹介者がなければ利用できないほど敷居の高いものだったからである。あのアメリカ大統領ケネディも顧客のひとりであった。

それほどの店であったから、揃えている女性は容姿も教養も最高級である。モデルや女優の卵はもとより外交官の令嬢もいた。クロードの館に控えていた女性のなかには、億万長者と結婚した者は言うに及ばず、イタリア王妃になった者、アラブの皇太子に嫁いだ者や伯爵夫人や公爵夫人として貴族になった者もいる。もちろん公に語ることではないが、クロードの館での経験は彼女たちの価値を下げはしなかった。

1962年、友人の女性から売春宿を譲り受けたクロードは、その店を自分好みに変えることを思いつく。クロードが目指したのは18世紀の文学サロンのような洗練されたもので、彼女自ら女性たちを一から教育したのである。クロード自身、幼い頃に寄宿舎で過ごしており、そこで王や王妃への挨拶の仕方から刺繍やベッドメーキングの方法まで厳しく躾けられたという。他の女性と差をつけるための作法と心得、クロードは貴族と同じ教養を持った女性だったのである。

　自分が何をすべきで、何を言うべきか、立ち居振る舞いさえ知っていれば、いかなる上流階級の男性を相手にしても動じることはない。ただ、教育には時間がかかった。あらゆる状況での対応法を身につけ、相手の男性の望むユーモアや心配り、そして最高の悦楽を与えること……クロードの館に来た女性がその技術を身につけるのに2年は必要であった。

　クロードは女性たちの魅力を最大に引き出すべく適切なアドバイスを行った。肌を美しく保つ方法やダイエット、服や下着の指示はもちろん、整形手術にも積極的だった。性器を清潔にしておくために洗浄の仕方まで教えたという。クロードは衛生面を重要と考えており、週に一度は病院で検査を受け、証明書を出さないと女性に仕事をさせないほど徹底していた。

　そして、育てあげた女性を信頼できる常連にあずけ、セックスの詳細なリポートを聞く。それが最終的な仕上げなのだった。

驚きのエピソード

　クロードの館には25人くらいの女性がいて、その年齢は20歳前後であった。アーウィン・ショーの『パリ・スケッチブック』によると「（クロードは）上品で行儀が良い女性を提供してくれるそうだ。ただし金がかかる。値段は相手をする時間の長短によって上下するが、とにかく高い」とある。

　そのために、城の維持費に困った公爵が夫人を娼婦として働かせるよう依頼をしたことがあったという。ブロンドの髪をした美しい夫人は、名前と肩書きを公表することを条件に娼婦となった。30代と少し年齢がいっていたが、気高い公爵夫人は多くの客を得て、城の修復工事が終わると館を去っていった。

　一方で、顧客には変わった性癖の持ち主も多かったようだ。

　女装趣味の代議士は、最初は室内で女装を楽しむだけだった。だが、彼とともに過ごした女性は、彼の要望を察して女装姿のままホテルを出ることを提案した。また、とりわけ化粧が上手くできたときには一緒に売春地帯に行き、代議士を男娼のように振る舞わせた。このスリルは彼を非常に喜ばせ、興奮させたという。

また、ある会社の後継者である青年は、週末を一緒に過ごす女性をクロードに依頼した。ふたりがオープンカーでドライブをしていると、土砂降りになり、女性はひどい風邪をひいてしまった。青年は不満も言わず、ベッドで寝込む女性を丸2日看病した。本来ならクレームがきてもおかしくない展開だ。

だが、青年は数週間後にまた女性の依頼をしたのである。ピンときたクロードが「残念ながら、今週の金曜日は雨が降らないようですよ」と告げると、青年は「あなたは知っていたのですか⁉」と悔しげに答えた。彼は女性を看護することで興奮を得ていたのである。

「清楚な女性を」とリクエストした常連に本物のブルジョアの女性を紹介したところ、それが客の義妹だったこともあった。ふたりは秘密を共謀し、プレイを楽しんだ。さすが、アムール（愛）の国である。

このようにクロードの館にはひっきりなしに電話が鳴っていたのだが、それはある日、突然に終わった。1974年、ある政治家とクロードの関係が取り沙汰されたことがきっかけで、1977年に館を閉館したのである。

クロードは税金問題から逃れるためにアメリカに渡ったが、フランスに帰国したところを逮捕される。2度刑務所に収監されたのち、クロードは財産のすべてを失った。

クロードが記した自叙伝には、伝説の娼館での出来事が鮮やかに描かれている。そして、その生き生きとした描写からは、彼女が全身全霊をかけて育てた女性たちへの愛が伝わってくる。

つい最近まであった伝説の高級娼婦宿、それはあまりにもロマンチックな存在である。

時代を超えて語られる猟奇殺人①

黒魔術にとりつかれたジル・ド・レ

青ひげ公の城で悲劇の幕が上がる

大量猟奇殺人といえば、15世紀フランスのジル・ド・レ男爵と16世紀ハンガリーのエリーザベト・バートリ伯爵夫人が双璧ではないだろうか。血への強烈な渇望といい、同性愛志向といい、快楽殺人者であることといい、男女の違いを除けば、なにからなにまでそっくり。2人の行状を見ていると、悪魔が生んだ「魂の双生児」ではないかと思えてならない。

ジル・ド・レは「堕ちた英雄」といっていい。1404年、アンジュ地方の大貴族の家に生まれ、幼い頃に父を亡くし、母も再婚して家を出ていったため、父母の愛情を知らずに育った。後見人となった母方の祖父が粗野で身勝手な性格だったことから、少年の心を大きく歪めてしまったともいわれている。

誘拐した幼児を儀式にささげる

祖国フランスはイギリスと「百年戦争」の最中。長じて戦争に身を投じたジルは救国の少女、ジャンヌ・ダルク軍の最高司令官を務めるなど、祖国のために戦った。敵を殺すことは、このうえない快感と興奮をもたらしたようだ。奮闘ぶりが認められ、騎士にとっては最高の栄誉である元帥の称号を与えられた。

イギリス軍の捕虜となったジャンヌ・ダルクが火あぶりにされたころから、歯車が狂い始める。莫大な財産を受け継いだ上、元帥としての年金もあり、放埒な生活にも支障がない。ティフォージュの城に閉じこもり、いかがわしい魔術師や錬金術師とつきあい始めるようになった。

美少年趣味も顕在化した。もともと男色の傾向があったが、教会の聖歌隊のボーイソプラノに魅せられ、美声の少年を探してはは身辺にはべらせるようになった。天使のように美しい少年を手にいれるためには金品を惜しまなかった。莫大な土地と交換に招いた少年もいたという。

同時に錬金術や黒魔術の研究にいそしみ、神を信仰しながらも、熱狂的なサタニスト（悪魔崇拝者）へと変貌していく。高名な魔術師のプラレーティを師とし、「悪魔を呼び出すためには、いけにえが必要」といわれたことから、近隣の幼児を誘拐して悪魔降誕の儀式を行うようになった。

村には百年戦争のために両親が殺され、孤児となった子どもたちがあふれている。腹心の老婆と部下を使って、幼児を集めると、生きたまま首を切り落とした。念の入ったことに美少年たちを同席させ、遺体の骨を捨てさせる役割さえ与えていたようだ。

何人殺したか、逮捕後の裁判でも明らかにならなかったが、一説によると８００人以上。８年間で８００人だから、１週間で２人ずつ殺したことになる。近隣の村には男の子がいなくなってしまった。当然のことながら、死刑判決を受け、火刑に処せられた。のちにシャルル・ペローの『青ひげ』のモデルとなり、今に名を残している。

時代を超えて語られる猟奇殺人②

血を浴びるのを悦んだエリーザベト・バートリ

美貌のため処女の血を求めた伯爵夫人

不思議なことに、エリーザベト・バートリ夫人が殺した人数も約800人。こちらも残虐さの点ではジル・ド・レに、まったくひけをとらない。サディズムと同性愛も共通している。こちらのターゲットは若い女性で、ありとあらゆる拷問器具を使って殺した後、血を桶にためておき、若さと美貌を保つために、その中に入ったと伝えられる。

エリーザベトが生まれたのは1560年。バートリ家はハプスブルグ家とも関係が深く、代々、トランシルヴァニア公国の王を務めるほどの名門だった。近親結婚を繰り返したことから、一族には心身に異常をきたしたものが多かった。

エリーザベトも生涯を通じて激しい頭痛に悩まされた。最初は薬草を煎じて飲んでいたが、そのうち女中にピンをさしたり、折檻(せっかん)したりして、悲鳴を聞くと痛みが薄れることに気づいた。サディズムの性向が顕在化したわけだ。

女中たちに対する虐待は徐々にエスカレートしていく。夫が死んだころには、虐待しすぎて女中を殺してしまうケースもあったようだ。チェイテの城の地下室が残虐な恐怖劇の舞台となった。犠牲になったのは近隣の村々から奉公を名目に集めてきた若い女性たちだった。

血のシャワーを浴びた

ひとたび城の門をくぐった女

性は生きては出られない。拷問器具の一つに特注品の巨大な鳥籠があった。鳥籠の内側には無数の刃が飛び出しており、天井から吊るされている。なかに女性が入れられ、鳥籠が揺さぶられると、刃がささり、血が吹き出る。エリーザベトは鳥籠の下に立っていて、したたり落ちる血を満面に笑みを浮かべながら浴びたものだった。

当時は若い処女の血が美容のために大きな効果があるとされていた。美貌が失われるのを病的なまでに恐れていたエリーザベトにとって、若い女性など単なる化粧品でしかなかったわけだ。しかし、死者の数が増えると、死体の処理にも困る。不審に思う人間も増えていく。

噂が噂を呼び、周囲も耳をふさいでいるわけにはいかなくなった。1610年12月、ついにチュイテの城に捜査の手が入った。

異様な臭気と拷問部屋の血の飛沫、殺された娘の死体、息も絶え絶えの犠牲者も発見され、なにが行われたか一目瞭然だった。伯爵夫人は逮捕されたが、有力な家系だっただけに死刑判決は免れた。判決は終身刑。チュイテの城に死ぬまで幽閉されることになった。

ただし、城の開口部（窓、すき間など）は石やしっくいで、すべて塞がれ、食物と水を入れるだけの小さな穴が壁にあけられた。光が奪われた真っ暗闇の空間。話相手もいない中で、彼女は3年間生き延びた。

ちなみに彼女は池田理代子の漫画『ベルサイユのばら』に「黒衣の伯爵夫人」として登場している。美内すずえ『ガラスの仮面』の劇中劇「ふたりの王女」のオリゲルドのモデルともなった?

呪われた出生が影を落とす激情の生涯

秀吉以上の殺戮を行った凍土の王イヴァン雷帝

ロシア史上最大の暴君

1530年、イヴァン4世は呪（のろ）われた予言のもとに生まれた。長らく後継者に恵まれなかった父王にとっては待望の嫡男であったが、その出生は望まれたものではなかったからだ。父王・ヴァシーリー3世は不妊を理由に正妻を幽閉し、正教会の反対を押し切って大貴族の娘エレナと結婚した。正教会はヴァシーリー3世に「邪悪な息子を持つだろう」と告げている。

父王が没し、イヴァンはわずか3歳で大公に即位した。政治は母后であるエレナが行い、周辺諸国と友好な関係を築く賢明な政策を取った。

だが、7歳で母とも死に別れると、食事や衣服さえ満足に与えられない生活が待っていたのである。弟・ユーリーとともに孤独に耐えながら、家臣である貴族たちに冷遇された幼少期を送ったせいであろうか、イヴァンは猜疑心が強く陰気な性格であった。

母の実家グリンスキー家の援助を受けたイヴァンは、1547年、初めて「ツァーリ」として戴冠。以降、ツァーリズムとよばれるロシア独自の専制政治を敷いた。それは大貴族を排し、皇帝が絶対的な権力を握るもので、恐怖政治の始まりでもあった。「雷帝（らいてい）」の異称はその残酷で激情的な性格からつけられたものである。

だが、最初の妻アナスタシアが生きていた頃のイヴァン雷帝は、むしろ名君であった。信心

深く優しいアナスタシアはいい妻で、彼女との間に生まれた息子は同名のイヴァンと名付けられて皇太子となった。

しかし1560年、アナスタシアは原因不明の病に倒れ、息を引き取った。イヴァンは嘆き悲しんだが、彼女の死がイヴァンの狂気の箍（たが）を外したのかもしれない。イヴァンの幼い頃の楽しみは、クレムリン宮殿の高い窓から猫や犬を放り投げることだった。その残忍な本性が剥（む）き出しになっていく。

皇太子撲殺事件

イヴァンの恐怖政治の最たるものといえば、オプリーチニナ（特別領）の実施であろう。

1565年、イヴァンは家臣を集めると、唐突に国土を二つに分断すると宣言した。一つはオプリーチニナという皇帝直轄の特別領で、一つはゼームシチナという貴族の所有権が認められる土地である。オプリーチニナにはモスクワの27の都市と18の地方が含まれている。

大貴族たちは土地を取り上げられ、強制的に僻地（へきち）に追いやられた。これは大貴族の権力を奪うための圧制政策で、代わりにイヴァンは小貴族の若者から6000人を選び、オプリーチニクというエリート集団を作った。彼らの任務は皇帝の警護と裏切り者の探索で、要するに皇帝直下のスパイである。

黒い衣装を身にまとい、馬に犬の首をぶら下げ、ほうきのようなムチを持ったオプリーチニクは、「主人の敵に噛みつき、追い払う」ために大貴族や敵国との内通者を見つけては拷問にかけた。

彼らは大貴族と違い、イヴァンの寵を失えばその立場も失うので、誰もが必死に任務をこなした。彼らが裕福層の財産を狙って略奪を行い、罪のない女性を犯したとしても、オプリーチニナは皇帝の絶対的な支配下にあったので、民衆は文句を言うことも許されなかった。この政策によって犠牲となった国民は甚（はなは）だしく、結果的に国力の低下を招くに至った。

　また、イヴァンはロシアの北西に位置するノヴゴロドに目をつけた。もとは貿易によって繁栄していた都市だったが、北方戦争によって衰退しイヴァンへの不満が渦巻いていたからだ。イヴァンはノヴゴロドがポーランドに寝返ろうとしていると言いがかりをつけ、１５７０年に大粛清を行う。まずは、オプリーチニクと銃兵を引き連れ、遠征を開始。モスクワからノヴゴロドまですべての街が皇帝軍に襲われ、人や家畜は手当たりしだいに殺された。民家に火がつけられ、木には死体がぶら下げられ、あちこちに山積みの死体が放置されていた。

　皇帝の到着に備え、先発部隊によってノヴゴロドの街に柵がめぐらされた。住民が逃げないようにするためである。

　イヴァンが到着すると虐殺が始まった。何も知らず広場に引きずり出された住民をムチで打ち、舌や鼻を切り取り、手足をもぎ取る。そして、すぐには殺さないように弱めた火で火刑を行い、最後は死体を氷の浮いた川に投げ捨てた。かろうじて息があった者も、小船に乗って最後を見届けにきたオプリーチニクにこん棒で殴り殺されたのである。狂気の粛清は1ヵ月も続き、犠牲者は6万人にのぼるともいわれている。

　イヴァンは身内に対しても容赦なかった。ある日、皇太子が皇位を狙っていると思い込んだイヴァンは逆上し、息子をこん棒で殴りつけたのである。狂気が覚め、正気に戻ったときには息子は頭も胸も血まみれで、こめかみが割られていた。もちろん皇太子がそんな陰謀を企てていた事実もなかった。イヴァンは激しく後悔し昼夜を問わず祈り続けたが、皇太子は数日後に亡くなった。

　こうして血の粛清で国中を恐怖に陥れたイヴァンであったが、その死に様は実にあっさりしたものだった。１５８４年3月18日、寵臣を相手にチェスを行っている最中、チェス台に倒れ込んだかと思うともう息はなかった。奇しくもその日は占星術師によって死亡予告がなされていた日だったという。

●参考文献一覧

『徳川実記』黒板勝美・国史大系編修会編、吉川弘文館／『豊臣秀吉事典 コンパクト版』新人物往来社／『完訳フロイス日本史』ルイス・フロイス、中公文庫／『近世風俗志』喜田川守貞、岩波文庫／『日本古典文学大系 日本書紀』岩波書店／『古事記』岩波文庫／『江戸牢獄・拷問実記』横倉辰次、雄山閣／『大奥の秘事』高柳金芳、雄山閣／『江戸の性愛術』渡辺信一郎、新潮社／『咎なくて死す いろは歌にこめられた遺書』篠原啓介、心交社／『世界史 読めば読むほど恐ろしい話』桐生操、PHP研究所／『世界禁断愛大全』桐生操、文藝春秋／『処刑台から見た世界史』桐生操、あんず堂／『「悪所」の民俗誌』沖浦和光、文春新書／『エソテリカ38 性愛術の本』学研／『江戸の性風俗 笑いと情死のエロス』氏家幹人、講談社現代新書／『江戸三〇〇年吉原のしきたり』渡辺憲司、青春出版社／『九代将軍は女だった！』古川愛哲、講談社＋α新書／『マダム・クロード愛の法則』クロード・グリュデ、光文社／『731石井四郎と細菌戦部隊の闇を暴く』青木冨貴子、新潮文庫／『七三一部隊　生物兵器犯罪の真実』常石敬一、講談社現代新書／『医学者たちの組織犯罪ー関東軍第七三一部隊』常石敬一、朝日文庫／『飢饉の社会史』菊池勇夫、校倉書房／『寄生虫との百年戦争ー日本住血吸虫症・撲滅への道』林正高、毎日新聞社／『風土病との闘い』佐々木学、岩波新書／『切支丹時代ー殉教と棄教の歴史』遠藤周作、小学館ライブラリー／『日本キリシタン物語』田中将、角川新書／『日本史リブレット34　秀吉の朝鮮侵略』北島万次、山川出版社／『日本史リブレット37　キリシタン禁制と民衆の宗教』村井早苗、山川出版社／『日本史リブレット46　天文方と陰陽道』林淳、山川出版社／『「お伽草子」謎解き紀行』神一行、学研M文庫／『たけみつ教授の日本神話と神々の謎』武光誠、リイド文庫／『読むだけですっきりわかる直江兼続』後藤武士、宝島SUGOI文庫／『後宮の世界』堀江宏樹、竹書房文庫／『日本残酷物語』平凡社／『憑霊信仰論』小松和彦、講談社学術文庫／『病が語る日本史』酒井シヅ、講談社学術文庫／『吉原と島原』小野武雄、講談社学術文庫／『日本神話事典』大和書房／『日本の名城・古城事典』ＴＢＳブリタニカ／『日本架空伝承人名事典』平凡社／『現代こよみ読み解き事典』柏書房／『再現日本史』講談社／『図説 大奥のすべて』学研／『図解 大奥のすべてがわかる本』PHP研究所／『図解 歴史をつくった7大伝染病』PHP研究所／『図解 花のお江戸の色模様』総合図書／『図解 大奥色とミステリー』総合図書／『図解 戦国ミステリー』総合図書／『あっと驚く！「値段」の日本史』宝島社

●写真提供・協力一覧（順不同・敬称略）

阿倍王子神社（大阪府）
糸島市立伊都国歴史博物館／福岡県糸島市教育委員会
大阪城天守閣
国立国会図書館
東京都立中央図書館　特別文庫室
東北大学附属図書館（宮城県）
長崎市さるく観光課
名古屋市博物館／愛知県名古屋市教育委員会
福岡市博物館
了仙寺（静岡県）

表紙イラスト　諏訪原寛幸
表紙デザイン　喜安理絵

編集協力　株式会社グレイル・石川夏子
執筆　吉田龍司
岡林秀明
上乗繁能
松木景太
小田真理子
本文イラスト　風間康志（HOPBOX）
本文デザイン　原田あらた（DTP）

日本史スキャンダル事件簿

2011年9月23日　第1刷発行

編者　別冊宝島編集部
発行人　蓮見清一
発行所　株式会社 宝島社
〒102-8388　東京都千代田区一番町25番地
電話　営業03-3234-4621　編集03-3239-0400
http://tkj.jp
郵便振替　00170-1-170829 (株)宝島社
印刷製本　株式会社廣済堂

ISBN978-4-7966-8565-8